essentials

essentials liefern aktuelles Wissen in konzentrierter Form. Die Essenz dessen, worauf es als „State-of-the-Art" in der gegenwärtigen Fachdiskussion oder in der Praxis ankommt. *essentials* informieren schnell, unkompliziert und verständlich

- als Einführung in ein aktuelles Thema aus Ihrem Fachgebiet
- als Einstieg in ein für Sie noch unbekanntes Themenfeld
- als Einblick, um zum Thema mitreden zu können

Die Bücher in elektronischer und gedruckter Form bringen das Expertenwissen von Springer-Fachautoren kompakt zur Darstellung. Sie sind besonders für die Nutzung als eBook auf Tablet-PCs, eBook-Readern und Smartphones geeignet. *essentials:* Wissensbausteine aus den Wirtschafts-, Sozial- und Geisteswissenschaften, aus Technik und Naturwissenschaften sowie aus Medizin, Psychologie und Gesundheitsberufen. Von renommierten Autoren aller Springer-Verlagsmarken.

Weitere Bände in der Reihe http://www.springer.com/series/13088

Michael Treier

Gefährdungsbeurteilung psychischer Belastungen

Begründung, Instrumente, Umsetzung

2., vollständig überarbeitete Auflage

 Springer

Michael Treier
Personal, Organisation und Psychologie
Fachhochschule für Öffentliche
Verwaltung NRW in Duisburg
Duisburg, Deutschland

ISSN 2197-6708 ISSN 2197-6716 (electronic)
essentials
ISBN 978-3-658-23292-4 ISBN 978-3-658-23293-1 (eBook)
https://doi.org/10.1007/978-3-658-23293-1

Die Deutsche Nationalbibliothek verzeichnet diese Publikation in der Deutschen Nationalbibliografie; detaillierte bibliografische Daten sind im Internet über http://dnb.d-nb.de abrufbar.

Springer ist ein Imprint der eingetragenen Gesellschaft Springer Fachmedien Wiesbaden GmbH und ist ein Teil von Springer Nature
Die Anschrift der Gesellschaft ist: Abraham-Lincoln-Str. 46, 65189 Wiesbaden, Germany

Was Sie in diesem *essential* finden können

- Eine Übersicht zur Darstellung der Bedeutungszunahme der psychischen Gesundheit.
- Erläuterung der Begriffe, die der psychischen Gefährdungsbeurteilung zugrunde liegen.
- Einen Überblick zu rechtlichen Grundlagen und damit zur Legitimation.
- Erläuterung psychischer Belastungsfaktoren, die im Rahmen der Beurteilung zu erfassen sind.
- Hinweise auf theoretische Modelle, die die Wirkung psychischer Belastungsfaktoren erklären.
- Eine Übersicht zu Vorgehensweisen, Methoden und Instrumenten.
- Empfehlungen zur Umsetzung der psychischen Gefährdungsbeurteilung.
- Klärung praktischer Fragen rund um die Implementierung.

Inhaltsverzeichnis

Abkürzungsverzeichnis

ArbSchG	Arbeitsschutzgesetz
BAuA	Bundesanstalt für Arbeitsschutz und Arbeitsmedizin
BDA	Bundesvereinigung der Deutschen Arbeitgeberverbände
BEM	Betriebliches Eingliederungsmanagement
BetrVG	Betriebsverfassungsgesetz
BMAS	Bundesministerium für Arbeit und Soziales
DGB	Deutscher Gewerkschaftsbund
DGPPN	Deutsche Gesellschaft für Psychiatrie und Psychotherapie, Psychosomatik und Nervenheilkunde
GDA	Gemeinsame Deutsche Arbeitsschutzstrategie
INQA	Initiative Neue Qualität der Arbeit

Einleitung

Was bewegt den Arbeitsschutz? Die zunehmende Bedeutung der psychischen Belastungsfaktoren lässt nicht nur Experten des Arbeitsschutzes aufhorchen, denn dieses junge Handlungsfeld kristallisiert sich noch als unbestimmt im Hinblick auf Erfassung, Prävention und Gestaltung heraus. Fragezeichen überwiegen im Diskurs. Die Präambel der „Gemeinsamen Erklärung Psychische Gesundheit in der Arbeitswelt" betont die Bedeutung psychischer Erkrankungen in Bezug auf Leistungsminderung, Arbeitsunfähigkeitstage und Frühverrentungen (BMAS 2013).

Was ist Kür, was ist Pflicht? Psychische Erkrankungen kann der Arbeitgeber nicht therapieren, aber er kann die Wahrscheinlichkeit des Auftretens im Sinne der Vorsorge und Früherkennung minimieren. Arbeitgeber sind laut ArbSchG verpflichtet, eine Gefährdungsbeurteilung durchzuführen, um menschengerechte Arbeitsbedingungen zu gewährleisten. Psychische Risiken bzw. Gefährdungen können aus der Arbeitsaufgabe, der Arbeitsorganisation, den sozialen Beziehungen und der Arbeitsumgebung erwachsen. Um Maßnahmen abzuleiten, müssen psychische Belastungen erkannt werden. Während Lärm oder Hitze messbar und damit kontrollierbar sind, versperren sich psychische Belastungen einer einfachen und direkten Erfassung. Man sucht nach adäquaten Verfahren und Grenzwerten. Auch fällt es schwer, die bedingungsbezogene Sichtweise des Arbeitsschutzes auf ein vermeintlich subjektives Phänomen zu übertragen. Viele Beteiligte assoziieren das Handlungsfeld der psychischen Belastungen irrtümlicherweise mit Anti-Stress-Konzepten. Entscheidend ist hier, dass psychische Belastungen nicht mit Stress gleichzusetzen sind. Alle Belastungen sind Bedingungsfaktoren. Wie ausgeprägter Lärm oder ein nicht ergonomisch eingerichteter Bildschirmarbeitsplatz haben auch psychische Belastungen auf der

© Springer Fachmedien Wiesbaden GmbH, ein Teil von Springer Nature 2019
M. Treier, *Gefährdungsbeurteilung psychischer Belastungen*, essentials,
https://doi.org/10.1007/978-3-658-23293-1_1

Bedingungsseite ihre potenziellen Auswirkungen in Bezug auf die Gesundheits-, Erlebens- und Verhaltensebene in Abhängigkeit von Ressourcen. Aus empirischer Sicht ist es unumstritten, dass psychische bzw. psychosoziale genauso bedeutsam wie physische Belastungen in der Arbeitswelt sind (Lohmann-Haislah 2012).

Wie ist der Umsetzungsstatus in Deutschland? Ein Verfahren für alle Organisationsformen lässt sich aufgrund der situativen Faktoren (Kontextspezifität) nicht festlegen. Die Erfassung ist aber nicht dem Zufall zu überlassen. Daher ist eine *Standardisierung* in Bezug auf Vorgehensweise, Instrumente sowie Interpretation und Maßnahmenableitung unerlässlich. Viele Organisationen sind jedoch verunsichert und befinden sich auf der Suche nach der richtigen Methode (BAuA 2014, S. 13 f.). Die DGPPN-Studie (Hofmann 2014) bestätigt, dass Deutschland hinsichtlich der Gefährdungsbeurteilung bei psychosozialen Risikofaktoren nur *im unteren Mittelfeld* rangiert. Andere Studien wie die explorative Gefährdungsbarometer®-Studie des EO-Instituts zeigen, dass neben Wissen v. a. auch Probleme mit der Umsetzung vorliegen (EO-Institut 2015). Was passiert, wenn die Gefährdungsbeurteilung vernachlässigt wird? Derzeit führt eine Hintansetzung nicht zu spürbaren Konsequenzen aufgrund der unklaren Regularien. Andere Länder wie Frankreich zeigen aber, dass eine sanktionierende Haftung bei Missachtung als Impuls zur ernsthaften Umsetzung dienen kann und dadurch das Thema im Arbeitsschutz an Ernsthaftigkeit gewinnt.

Wer ist zu beteiligen? Wir benötigen eine *konzertierte Aktion*. Während es sich bei der Gefährdungsbeurteilung um eine gesetzliche Aufgabe handelt, sind Aktivitäten der betrieblichen Gesundheitsförderung ein freiwilliges Angebot der Arbeitgeber zur Steigerung der Arbeits- und Leistungsfähigkeit der Mitarbeiter. Um der Herausforderung der psychischen Erkrankungen zu begegnen, sollten der Arbeitsschutz und die betriebliche Gesundheitsförderung gemeinsam an einem Strang ziehen.

Ein erklärendes Bild Abb. 1.1 illustriert die Einordnung der psychischen Gefährdungsbeurteilung. Psychische Gesundheit ist ein dynamischer Zustand, der von vielen Faktoren abhängig ist (siehe Abschn. 2.2). Die psychische Gefährdungsbeurteilung dringt zum Sockel des Modells vor und identifiziert frühzeitig Risikofaktoren, die die Stabilität des Modells beeinträchtigen können. Eine erweiterte Gesundheitsanalyse berücksichtigt ferner Faktoren der Säule (siehe Abschn. 6.5). Das Erklärungsmodell findet seine theoretische Begründung im Belastungs- und Beanspruchungsmodell (siehe Abb. 1.1). Wenn man systematisch die gesunde Organisation vorantreiben möchte, sollte man auf jeden

Fall auf einen *modellbasierten Ansatz* zurückgreifen. Wichtig ist aber, dass das Modell nicht nur plausibel vermittelt werden kann (hohe „Augenscheinvalidität"), sondern auch eine Modellierung der verschiedenen Parameter aus statistischer Sicht zulässt. Denn am Ende gilt es, die verschiedenen Komponenten und Ebenen des Modells zu operationalisieren und damit Messgrößen zu definieren. Diese Messgrößen müssen in der Interpretation bzw. Bewertung modellbasiert zusammengeführt werden. Die Ausprägungen der Werte im Sockel stellen im mathematisch-statistischen Modell eine maßgebliche Größe für den zu berechnenden Stabilitätswert dar. Wenn der Sockel instabil wird – d. h., dass mehrere der Parameter kritische bzw. negativ auffällige Ausprägungen aufweisen –, muss damit gerechnet werden, dass auch die höheren Ebenen schwanken, auch wenn sich dort die Werte im Normalbereich bewegen. *Investitionen in den Sockel sind damit von hoher Nachhaltigkeit.*

Zum Bild Betrachtet man einen Menschen, der mit den Bällen Arbeitsfähigkeit, physische und psychische Gesundheit sowie Wohlbefinden auf einer Säule, die in einem Sockel verankert ist, jongliert, dann bilden die Arbeitsbedingungen und Anforderungen den Sockel. Die Organisationsressourcen wie Führung und Kultur bilden die Säule, auf dem der Mensch mit seinen individuellen Voraussetzungen

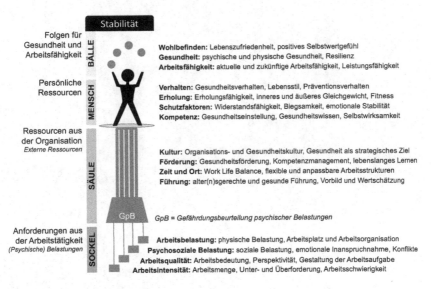

Abb. 1.1 Basismodell zur Erklärung

steht und balanciert. Wenn der Sockel instabil ist, wird die Aufrechterhaltung der Balance schwierig. Auch ist es diffizil, die Bälle zu jonglieren, wenn die Säule schwankt. Die individuelle Fertigkeit des Jonglierens kann nur zu einem bestimmten Umfang die Unstimmigkeiten des Sockels und der Säule kompensieren. Wenn die Bälle fallen, dann liegt eine Gesundheitsstörung vor. Der Mensch befindet sich im Ungleichgewichtszustand. Und befinden sich viele Menschen im Ungleichgewichtszustand, dann krankt die Organisation bzw. die gesamte Organisation befindet sich in Schieflage.

Ausgangssituation 2

Im Folgenden werden einige Ausgangsfaktoren skizziert, um sich dem Thema der psychischen Belastungen widmen zu können. Nach einer Betrachtung der Veränderung der Belastungssituation in der Arbeitswelt ist die Frage zu stellen, ob die psychische Gesundheit eine Psychoblase ist. Anschließend ist es erforderlich, sich im Irrgarten der Begriffe zu orientieren, damit man nicht Gefahr läuft, durch unpräzisen Gebrauch – Titelanwärter Burn-out – Verwirrung zu stiften.

2.1 Veränderung der Belastungssituation – Warum ist das Thema so brisant?

Gründe für den Bedeutungszuwachs psychischer Belastungen Die Veränderung der betrieblichen Belastungssituation, die sich v. a. im psychischen Anforderungsbereich niederschlägt, lässt sich wie folgt umschreiben (vgl. Uhle und Treier 2015, S. 57 ff.; Junghanns und Morschhäuser 2013):

1. Arbeitsverdichtung – Beispiele: Personalabbau, Fehlzeiten und Mehrarbeit
2. Beschleunigung – Beispiele: lebenslanges Lernen, Halbwertzeit des Wissens, Wissenserosion
3. Dienstleistungsorientierung – Beispiele: Emotions- und Interaktionsarbeit
4. Entgrenzung – Beispiele: verschwimmende Trennlinien zwischen Arbeit und Freizeit
5. Flexibilisierung – Beispiele: flexible Arbeitszeitmodelle und Telearbeit
6. Informatisierung – Beispiele: hohe Geschwindigkeit, stete Erreichbarkeit, Multitasking
7. Subjektivierung – Beispiele: Eigenverantwortung, Arbeitskraftunternehmer, Anpassungsfähigkeit

© Springer Fachmedien Wiesbaden GmbH, ein Teil von Springer Nature 2019
M. Treier, *Gefährdungsbeurteilung psychischer Belastungen,* essentials,
https://doi.org/10.1007/978-3-658-23293-1_2

„Mit den skizzierten Entwicklungen geht auch eine Verschiebung der auftretenden Arbeitsanforderungen einher, da die Anzahl von Tätigkeiten, bei denen
kognitive, informatorische sowie emotionale Faktoren dominieren und somit
die psychische Belastung überwiegt, gestiegen ist und weiter zunehmen dürfte"
(BAuA 2017, S. 9). Neue Technologien, Arbeitsintensivierung, raumzeitliche Flexibilisierung, atypische und prekäre Beschäftigungsverhältnisse, Relativierung
von Qualifikationen und Berufsbiografien, Zunahme von Arbeitsunterbrechungen
und Multitasking bestimmen die Arbeitswelt in einer Wissens- und Dienstleistungsgesellschaft, in der eine effektive Selbst- und Emotionsregulation
Erfolgsfaktoren sind. Die Arbeitswelt ist im Wandel und forciert derzeit das
Thema psychische Belastungen (vgl. BAuA 2017). Dabei dürfen aber nicht die
bekannten Erkenntnisse arbeitswissenschaftlicher Reflexion vernachlässigt
werden (vgl. Schlick et al. 2018). Für den Arbeitsschutz wird es aber definitiv komplexer, da klassische und psychische Belastungsfaktoren miteinander
wechselwirken und neuartige Phänomene erzeugen wie z. B. das Handlungsfeld
der kognitiven Ergonomie, die sich mit dem Erleben und Verhalten von Menschen
in der Interaktion mit technischen Schnittstellen befasst.

2.2   Psychische Gesundheit – Psychoblase oder Herausforderung?

Stress – Mobbing – Burn-out In der Arbeitswelt wächst der Leistungs- und Zeitdruck und äußert sich in einer Gefährdung der psychischen Gesundheit (vgl. Litzcke
et al. 2013; Wiessmann 2016). Gesundheitsberichte der Krankenkassen lassen
keine Zweifel aufkommen – die Anzahl der psychischen Erkrankungen wie der
depressiven Störungen nehmen nicht nur zu, sondern verursachen spürbare Ausfallzeiten, da sie rezidivieren und zur Chronifizierung tendieren. Die DEGS-Studie[1]
des Robert Koch Instituts (Bundes-Gesundheitssurvey) zeigt, dass fast ein Drittel
der Untersuchten einer repräsentativen Stichprobe im betrachteten 12-Monatszeitraum klinisch bedeutsame psychische Störungen wie Angststörung, Depression,
Suchtkrankheit aufwiesen und mehr als ein Drittel zeigten sogar Multimorbiditäten
(Mehrfachdiagnosen wie Angst und Suchterkrankung). Auf die Lebenszeit bezogen
ist jede zweite Frau und jeder dritte Mann mindestens einmal psychisch krank. Man
könnte also mit Fug und Recht von einer *Volkskrankheit* sprechen. Die Grauzone

---

[1]Studie zur Gesundheit Erwachsener in Deutschland (http://www.degs-studie.de).

„Präsentismus" – Anwesenheit des Mitarbeiters trotz Krankheit am Arbeitsplatz – verschärft das Problemfeld, denn viele Mitarbeiter verschweigen aus Angst vor Stigmatisierung psychische Störungen. Auch andere Studien belegen, dass psychische Störungen im Vormarsch sind (vgl. Uhle und Treier 2015, S. 15 ff.). Man kann also nicht von einer *Psychoblase* sprechen, denn die Gefährdung der psychischen Gesundheit ist empirisch bestätigt. Die Arbeitswelt wird als ein Mitverursacher identifiziert. In Fachbüchern zur betrieblichen Gesundheitsförderung wird deshalb eine Auseinandersetzung in Bezug auf die Wechselwirkung zwischen Arbeitsanforderungen und Gesundheit gefordert (vgl. Bamberg et al. 2011).

▶   **Tipp** Auf der Plattform psyGA[2], ein Angebot der Initiative Neue Qualität der Arbeit, werden Studien zur psychischen Gesundheit präsentiert. Hilfreich sind hier die Kurzvorstellungen der Studien, um eine schnelle Übersicht zur empirischen Ausgangssituation zu erhalten.

Keine Psychoblase, sondern eine Herausforderung in der Arbeitswelt Problembereiche wie Mobbing, Sucht oder Burn-out in der Arbeitswelt sensibilisieren für das Thema „psychische Gesundheit" (vgl. Roschker 2014). Handlungsfelder der betrieblichen Gesundheitsförderung widmen sich der psychischen Gesundheit – bspw. Zeit- und Stressmanagement, Entspannungstechniken. Ein präventiver Ansatz erfordert aber eine Analyse der Belastungsfaktoren, die psychische Störungen nach sich ziehen können. Eine Fassadentherapie reicht nicht aus, wenn eine Kernsanierung erforderlich ist. Dies setzt eine fundierte Untersuchung der Substanz voraus – ergo: eine Gefährdungsbeurteilung.

Wie hängen psychische Gesundheit und Arbeitsbedingungen zusammen? Die sechste Europäische Erhebung über die Arbeitsbedingungen 2015 (Eurofound 2016) manifestiert, dass überhöhte kognitive Anforderungen, eine andauernde hohe Arbeitsintensität, hohe emotionale Anforderungen, geringe Selbstbestimmung, schlechte Beziehungen, ethische Konflikte sowie Arbeitsplatzunsicherheit zu den *psychosozialen Risiken* zählen. Der Mensch verfügt über individuelle Ressourcen im Umgang mit diesen Belastungen. Kurzfristig kann der Mensch bspw. einer Arbeitsüberforderung, die mit Erschöpfung einhergeht, durch Erholung kompensieren. Bei anhaltender Überforderung kann es jedoch langfristig zu psychischen Störungen kommen. Die Schwelle ist überschritten. Im Volksmund

---

[2]http://psyga.info/ueber-psyga/materialien/studien/.

spricht man hier von „Burn-out"[3]. Diese Formen chronisch erlebten negativen Stresses gehen mit Folgeerkrankungen wie Angsterleben, Sucht, Depression, Missbrauch von Medikamenten (Abusus), Tinnitus oder kardiovaskuläre Veränderungen wie Bluthochdruck einher. Die psychische Gefährdungsbeurteilung interessiert sich aber nicht für diese Auswirkungen – es geht also nicht um eine „Burn-out-Messung", sondern für die Treiber- bzw. Bedingungsfaktoren. Aus der Gefährdungsbeurteilung können dann Präventionsstrategien abgeleitet werden, die die Wahrscheinlichkeit des Auftretens von psychischen Störungen reduzieren.

2.3 Entwirrung der Verwirrung – Ist Belastung dasselbe wie Beanspruchung?

Oftmals wird ‚psychische Belastung' mit ‚psychischer Störung' und damit zugleich mit individuellen Beeinträchtigungen oder verminderter Leistungsstärke in Verbindung gebracht. Der Begriff hat so für viele einen negativen Beigeschmack. Im arbeitswissenschaftlichen Verständnis bezieht sich psychische Belastung jedoch auf äußere Bedingungen und Anforderungen im (Arbeits-)Leben (Morschhäuser et al. in BAuA 2014, S. 19).

Das Henne-Ei-Problem Wir sprechen von den Auswirkungen wie Stress, meinen aber in Bezug auf die Prävention die Belastungen, also die auslösenden Faktoren. Vielfach werden alle Begriffe pauschal rund um Stress negativ konnotiert, obwohl Anforderungen auch positive Auswirkungen wie Aktivierung, Erweiterung geistiger Fähigkeiten oder Steigerung der Arbeitsmotivation nach sich ziehen können. Ob eine Beanspruchung positiv oder negativ wirkt, hängt von den Ressourcen (z. B. soziale Unterstützung), der Lösungswahrscheinlichkeit und von individuellen Stärken wie Resilienz (psychische Widerstandskraft) ab. Psychische Belastungen können eine Gefährdung darstellen. Sie führen zu kurz- und langfristigen Beanspruchungsfolgen. Dauern die negativen Beanspruchungsfolgen wie Stress oder Ermüdung länger an, können psychische und psychosomatische, Herzkreislauf-, neurovegetative und Muskel-Skelett-Erkrankungen

---

[3]Der Burn-out-Experte Burisch (2014) spricht von einem begrifflichen Morast. Definitionsversuche betonen emotionale Erschöpfung, verringerte Leistungsfähigkeit, sich aufbauender Zynismus und Tendenzen zur Depersonalisierung. Eine Definition ist aufgrund der komplexen Symptomatologie schwierig. Daher wird Burn-out nicht als Krankheitsbild eingestuft. Im ICD-10 Schlüssel (Internationale Klassifikation der Erkrankungen) ist Burnout „lediglich" als Zusatzdiagnose klassifiziert. Ein symptomatische Überschneidungsbereich mit der Depression liegt vor.

auftreten. Andere Folgen für die Arbeitswelt sind u. a. Motivationsverluste, Arbeitsunzufriedenheit, nachlassendes Commitment (Identifikation mit der Organisation), Leistungsabfall, Verminderung der Qualität der Arbeit, Unfreundlichkeit. Da die Auswirkungen sichtbarer sind als die auslösenden Bedingungen, wird in der Praxis oft das Pferd von hinten aufgezäumt, was zu falschen Schlussfolgerungen verleitet und zu Stilblüten wie Anti-Stress-Verordnung führt.

Eindeutige Sprache verhindert Missverständnisse Diese beruhen auf unklare Definitionen. Die Tab. 2.1 erfasst in Anlehnung an die DIN EN ISO 10075-1 einige *Grundbegriffe* (Uhle und Treier 2015, S. 107 ff.; Morschhäuser et al. in BAuA 2014, S. 20 ff.; Ulich 2011, S. 471 ff.).

Tab. 2.1 Grundbegriffe

Grundbegriff	Erläuterung
Anforderungen	Anforderungen sind wertneutrale Einflüsse, die von Personen zu bewältigen sind. Sie können über- oder unterfordern sowie anregend und sinnstiftend sein. Bei kritischer Ausprägung und in Abhängigkeit von der Wechselwirkung mit anderen Belastungen und personenbezogenen Ressourcen kann es zu Gesundheitsbeeinträchtigungen kommen
Beanspruchung	Dabei handelt es sich um die unmittelbare Auswirkung der Belastung im Individuum in Abhängigkeit von seinen Voraussetzungen und Bewältigungsstrategien. Dieser Begriff wird wertneutral verwendet. Daher unterscheidet man positive und negative Beanspruchungen. Negativ ist die Ermüdung, positiv die Anregung
Beanspruchungs-folgen	Beanspruchungen wirken unmittelbar. Oft sprechen wir aber von den mittel- und langfristigen Auswirkungen, also den Beanspruchungsfolgen auf psychischer und physischer Ebene. Auch hier werden positive von negativen Folgen differenziert
Beanspruchungs-optimalität	Die Beanspruchungsfolgen lassen sich in Bezug auf Kosten und Nutzen bilanzieren. Damit wird die Doppelrolle der Beanspruchung beschrieben. Negative Belastungsquellen gilt es aufzudecken und zu beseitigen, positive Anforderungsquellen sind indes in Verbindung mit den Ressourcen zu fördern
Belastung	Belastungen sind alle Einflüsse, die von außen auf den Menschen zukommen und auf ihn einwirken. Es geht also um die Arbeitsbedingungen. Der Begriff ist wertneutral. Bei den psychischen Belastungen fokussiert man die Einflüsse, die psychische Auswirkungen haben. Bei den psychosozialen Belastungen wird die Bedeutung sozialer Beziehungen betont

(Fortsetzung)

Tab. 2.1 (Fortsetzung)

Grundbegriff	Erläuterung
Belastungsfaktoren	Belastungsfaktoren sind Arbeitsmerkmale. Zu den Merkmalen zählen die Arbeitsaufgabe (qualitative und quantitative Unter-/Überforderung), die Arbeitsumgebung (Lärm, Staub, Hitze, Schmutz), die Arbeitszeit (Schicht- und Nachtarbeit, Flexibilisierung), die soziale Situation (soziale Unterstützung, Rollenkonflikte, soziale Stressoren wie Mobbing), organisatorische Faktoren (Unterbrechungen, Störungen des Arbeitsablaufes), Angst vor Arbeitsplatzverlust und die Emotionsarbeit (permanente Freundlichkeit)
Ermüdung	Temporäre Beeinträchtigung der psychischen und physischen Leistungsfähigkeit eines Menschen in Abhängigkeit von der Intensität, Dauer und Verlauf der vorangegangenen Beanspruchung. Man benötigt mehr Zeitbedarf für weitere Handlungen, Bewegungsfehler treten auf, Beinahe-Unfälle wie Fehltritte werden wahrscheinlicher, und eine erhöhte Vergesslichkeit stellt sich ein
Monotonie	Langsam und sukzessiv sich entwickelnder Zustand der herabgesetzten Aktivierung, der bei lang andauernden und sich wiederholenden Aufgaben eintreten kann (repetitive Tätigkeit). Die Folgen sind Schläfrigkeit bzw. Müdigkeit, Leistungsabnahme, Verminderung der Reaktionsfähigkeit, Kompetenzverlust und Zunahme der Herzschlagarrhythmie
Ressourcen	Ressourcen stellen Faktoren dar, die einen gesundheitsförderlichen Einfluss haben. Sie können helfen, Anforderungen zu bewältigen (Coping). Man schreibt ihnen eine Pufferfunktion in Bezug auf die Fehlbelastungen zu. Man differenziert zwischen persönlichen (z. B. psychische Widerstandskraft, Bewältigungsstrategien), sozialen (z. B. soziale Unterstützung) und arbeits-/organisationsbezogenen Ressourcen (z. B. Handlungsspielraum)
Sättigung (psychische)	Ein Zustand der nervös-unruhevollen, stark affektbetonten Ablehnung einer sich wiederholenden Tätigkeit oder Situation. Man tritt bildlich gesprochen „Auf-der-Stelle". Folgen sind Ärger, Wut, Widerwillen, gesteigerte Aktivierung verbunden mit einer negativen Erlebnisqualität (Demotivierung)
Stress	Ein Zustand, der von der Person als bedrohlich, kritisch, relevant und unausweichlich erlebt wird (emotionale Färbung). *Disstress* entsteht, wenn die Person glaubt, diese Aufgabe nicht bewältigen zu können. Bei länger andauerndem Stress können Befindlichkeitsstörungen, Angstzustände, kardiovaskuläre Probleme und sinkende Leistung resultieren. Bei *Eustress* handelt es sich um ein positives Erregungspotenzial, das mit erhöhter Aufmerksamkeit und Leistungsfähigkeit einhergeht

(Fortsetzung)

Tab. 2.1 (Fortsetzung)

Grundbegriff	Erläuterung
Stressoren	Belastungsfaktoren, die psychische Anpassungsreaktionen verlangen. In der Arbeitswelt sind Stressoren, die Disstress verursachen, zu vermeiden, und Stressoren, die Eustress nach sich ziehen, zu stärken. Dabei ist aber stets der Zusammenhang zu den Ressourcen zu beachten
Vigilanz *(herabgesetzt)*	Ein v. a. bei abwechslungsarmen Beobachtungstätigkeiten entstehender Zustand mit herabgesetzter Signalentdeckungsleistung. Die Folgen sind analog zur Monotonie

2.4 Wissen kompakt: Bedeutung und Implikationen

- Psychische Gesundheit avanciert zum zentralen Thema der Arbeitswelt. Die Veränderung der Arbeitssituation führt zur Zunahme psychischer Erkrankungen.
- Die Gefährdungsbeurteilung psychischer Belastungen ist eine verpflichtende Aufgabe nach dem ArbSchG. Die Maßnahmen der betrieblichen Gesundheitsförderung sind indes freiwillig. Erfolgreich lässt sich den psychischen Erkrankungen nur durch eine gemeinsame Strategie begegnen.
- Zur ganzheitlichen Gefährdungsbeurteilung gehören psychische und klassische Belastungen. Derzeit rangiert aber Deutschland noch im unteren Mittelfeld im Hinblick auf die Umsetzung der Gefährdungsbeurteilung psychischer Belastungen.
- Die Gefährdungsbeurteilung psychischer Belastungen kann auch einen Beitrag zur Aufdeckung organisatorischer Schwachstellen und Reibungspunkte leisten (Führungs- und Teamentwicklung).
- Die Begrifflichkeit rund um die psychische Gefährdungsbeurteilung ist zu schärfen. Entscheidend ist, dass man Belastungen (bedingungsbezogen) von Beanspruchungen (personenbezogen) differenziert und sich von einer pauschalisierenden negativen Bewertung löst.
- Psychische Belastungen führen zu psychischen Beanspruchungsfolgen. Diese können in Abhängigkeit von Ressourcen positiv oder negativ ausfallen. Bei einer negativen Bilanz kommt es zu Beeinträchtigungen, bei einer positiven zu Förderung der Gesundheit.

Rechtsgrundlagen 3

Im Folgenden wird die rechtliche Legitimation in Bezug auf die Gefährdungsbeurteilung psychischer Belastungen thematisiert. Gefährdungsbeurteilung ist keine Kür, sondern *Gebot*. Dies wird nicht nur durch das ArbSchG, sondern durch weitere Regelungen untermauert. Jedoch finden sich derzeit noch Schlupflöcher, die zur Vernachlässigung führen, da es keine belastbare rechtliche Erklärung für Fragen der Haftung gibt, falls eine Missachtung vorliegt. Auch sind noch keine Präzedenzfälle bekannt, bei denen es zur Sanktionierung gekommen ist. Die Erfüllung gesetzlicher Vorschriften wird in Studien von Führungskräften als fördernder Umsetzungsfaktor aufgeführt (Beck et al. 2012, S. 118).

3.1 Arbeitsschutzgesetz und mehr – Was legitimiert?

Die Verteilung grundsätzlicher Aufgaben, Rechte und Pflichten der Akteure im Gefährdungsbeurteilungsprozess ist durch Gesetze und Verordnungen des Bundes und der Länder sowie durch Vorschriften der Unfallversicherungsträger geregelt. Grundlegende Regelungen werden v. a. im Arbeitsschutzgesetz (ArbSchG), im Arbeitssicherheitsgesetz (ASiG), im Betriebsverfassungsgesetz (BetrVG) und in den Personalvertretungsgesetzen (PersVGn) des Bundes und der Länder getroffen. Konkretisierungen finden sich bereichsbezogen in Verordnungen (Morschhäuser et al. in BAuA 2014, S. 39).

Der Ausgangs- und Endpunkt Alle Regelungen im Kontext psychischer Belastungen orientieren sich an dem ganzheitlichen Gesundheitsbegriff der Weltgesundheitsorganisation (WHO). Die EU-Rahmenrichtlinie Arbeitsschutz RL 89/391 EWG im Artikel 5 (1) von 1989 verpflichtet hier den Arbeitgeber, Sicherheit und Gesundheit der Arbeitnehmer hinsichtlich *aller Aspekte der Arbeit* zu gewährleisten – dazu zählen auch psychosoziale Belastungen. Diese sind nicht

© Springer Fachmedien Wiesbaden GmbH, ein Teil von Springer Nature 2019
M. Treier, *Gefährdungsbeurteilung psychischer Belastungen,* essentials,
https://doi.org/10.1007/978-3-658-23293-1_3

nur zu ermitteln, sondern nach arbeitswissenschaftlichen Erkenntnissen anzu-
gehen. Das ArbSchG setzt diese Rahmenrichtlinie ins deutsche Recht um. Bei
dieser Umsetzung ist der ganzheitliche Schutz kennzeichnend, aber bis 2013 sind
die psychosozialen Belastungen nicht explizit erwähnt. Mit der Änderung des
§ 5 des ArbSchG wird nunmehr klargestellt, dass psychische Belastungen bei der
Arbeit zu beachten sind (ArbSchG § 5 Abs. 3 Nr. 6).

Zur Regelungssituation Obwohl die rechtliche Situation zum Schutz der psychischen Gesundheit am Arbeitsplatz ausreichend geregelt ist, scheint das Vakuum zu
veranlassen, dass man weitere flankierende Regularien sucht, um die Bedeutung
des Themas zu unterstreichen. Der Abschlussbericht der GDA belegt, dass es
Fortschritte in Bezug auf die Umsetzung einer ganzheitlichen Arbeitsschutzstrategie gibt, aber es bleibt als Manko bestehen, dass deutsche Betriebe psychische Gefährdungen unzureichend erfassen (GDA 2014, S. 98). Überraschend ist
dabei, dass Betriebe mit einem hohen Maß an psychischen Belastungen nicht
signifikant häufiger Analysen als Betriebe mit geringem Maß durchführen (GDA
2014, S. 68). Die GDA priorisiert deshalb das Thema psychische Belastungen als
eine von drei Zielfeldern. *Man möchte mehr Verbindlichkeit schaffen.* So fordern
seit 2012 die Gewerkschaften eine „Anti-Stress-Verordnung" – wobei der Begriff
kritisch ist, da Stress eine Beanspruchung und keine Belastung darstellt. Weitere
Verordnungsentwürfe zum Schutz vor Gefährdung durch arbeitsbedingte psychische Belastungen werden in politischen Gremien diskutiert. September 2013
endet die von unterschiedlichen Anspruchsgruppen geführte Diskussion in einer
gemeinsamen Erklärung zur Psychischen Gesundheit in der Arbeitswelt (BMAS
2013). Oktober 2013 wird das ArbSchG novelliert. Jedoch erfährt der Auf-
schwung einen Dämpfer, denn es stellt sich die Frage, was psychische Gesundheit in der Arbeitswelt bedeutet und wie sich diese Erkenntnisse in Verordnungen
übersetzen lassen. Der Wissensstand[1] rund um psychische Gesundheit in der
Arbeitswelt ist mithin zu konsolidieren (vgl. Roschker 2014).

Was sind gesicherte Erkenntnisse? Es ist nicht gesetzlich eindeutig definiert,
was gesicherte arbeitswissenschaftliche Erkenntnisse sind. Fachbücher wie Schlick
et al. (2018) sind hier eine Anregung. Praktiker greifen auf Erläuterungen wie
berufsgenossenschaftliche Informationen (BGI), Forschungsberichte der BAuA,

---

[1]Das Forschungsprojekt „Psychische Gesundheit in der Arbeitswelt" ermöglicht eine
wissenschaftliche Standortbestimmung (vgl. BAuA 2017).

Veröffentlichungen im Rahmen der Förderprogramme der Bundesregierung wie „Humanisierung des Arbeitslebens" sowie Veröffentlichungen der Länder und des Länderausschusses für Arbeitsschutz und Sicherheitstechnik (LASI) sowie Gestaltungsrichtlinien in Tarifverträgen zurück. Die *„Arbeitswissenschaftlichen Leitlinien"* der Gesellschaft für Arbeitswissenschaft e. V. (GfA) und der BAuA sind hier zu empfehlen[2].

Das Hauptproblem Die rechtliche Legitimation liegt vor, jedoch besteht weiterhin eine Unschärfe im Hinblick auf die weiterführenden Regularien zur Umsetzung. *Warum zieren sich Organisationen?* Betrachtet man bspw. die Unternehmensberichterstattung der DAX 30, dann stellt man fest, dass das Thema Psychische Gesundheit ein Tabuthema ist. Nur 12 der 30 Unternehmen sprechen das Thema offen an (Roschker 2013, S. 147). Kennzahlenmäßig wird das Thema kaum reflektiert, allenfalls liegen narrative Berichtsformen vor. Hier könnte die Gefährdungsbeurteilung psychischer Belastungen eine Kehrtwende zur empirischen Herangehensweise bedeuten. Es liegt also vermutlich nicht an den rechtlichen Grundlagen, sondern an der *Stigmatisierung des Themas.*

Rechtsgrundlagen Betriebliche Gesundheitsförderung wird von einem umfassenden Rechtsrahmen umsäumt (vgl. Uhle und Treier 2015, S. 78 ff.). Mit dem ArbSchG kann man zwar eine Legitimation ableiten, aber die Konkretisierung fehlt. Tab. 3.1 bietet eine Übersicht und damit die Möglichkeit, den Rechtsraum rund um die Gefährdungsbeurteilung zu bestimmen.

Anwaltschaft für die psychische Gesundheit Tab. 3.1 führt Gesetze, Verordnungen bzw. Erklärungen, die im Zusammenhang mit psychischen Belastungen oder Gesundheit stehen, auf. Weitere Gesetze wie bspw. das Jugendarbeitsschutzgesetz, Verordnungen wie die PSA-Benutzungs- oder die Lastenhandhabungsverordnung, Erklärungen wie die Luxemburger Deklaration wie auch eine Vielzahl an berufsgenossenschaftlichen Vorschriften[3] können zur kontextspezifischen Argumentation herangezogen werden. Letztlich kann man sich auf das Grundgesetz Artikel 2 beziehen, denn dort wird das Grundrecht auf

---

[2]http://www.gesellschaft-fuer-arbeitswissenschaft.de/wir-ueber-uns_arbeitswissenschaftliche-leitlinien-gfa-baua.htm.

[3]Die Datenbank BGVR ermöglicht eine Recherche im gesamten berufsgenossenschaftlichen Vorschriften- und Regelwerk (BGV, BGR, BGI und BGG; siehe http://www.arbeitssicherheit.de/de/html/bgvr-verzeichnis).

Tab. 3.1 Übersicht zum Rechtsrahmen (Einige der Rechtsthemen findet man auf dem juristischen Informationsportal http://dejure.org. Ein weiterer Zugangsweg ist die vom Bundesministerium für Justiz und Verbraucherschutz eingerichtete Web-Site www.gesetze-im-internet.de)

Rechtsgrundlage	Erläuterung
Arbeitsschutzgesetz (ArbSchG)	Es gibt keine Pflicht zur gesonderten Gefährdungsbeurteilung psychischer Belastungen, aber im Rahmen der allgemeinen Gefährdungsbeurteilung muss geprüft werden, ob eine Gefährdung durch psychische Belastungen besteht (ArbSchG § 5). Schon 1996 ist die ganzheitliche Sicht berücksichtigt, aber zur Klarstellung der Bedeutung psychischer Belastungen ist das ArbSchG 2013 entsprechend präzisiert worden (ArbSchG in § 5 Abs. 3 Nr. 6). Das ArbSchG verlangt die Beurteilung der Arbeitsbedingungen, also geht es um Erfassung und Bewertung der objektiven psychischen Belastung, nicht der subjektiven Beanspruchung
Arbeitssicherheitsgesetz (ASiG)	Nach ASiG § 3 sollten Betriebsärzte und Fachkräfte für Arbeitssicherheit (FASi) Arbeitgeber bei arbeitspsychologischen Fragestellungen beraten. Die Beratung bezieht sich auf verschiedene Bereiche wie Arbeitsrhythmus, Arbeitszeit, Arbeitsabläufe oder Arbeitsumgebung. Aufgrund der Wechselwirkungen dieser Handlungsfelder mit psychischen Erkrankungen können damit Betriebsärzte und FASi laut ASiG einen Beitrag zur Verhinderung der Entstehung psychischer Erkrankungen leisten. Eine Konkretisierung findet sich in der DGUV Vorschrift 2
Arbeitsstättenverordnung (ArbStättV)	Die ArbStättV regelt die Bedingungen am Arbeitsplatz. Schlechte Arbeitsbedingungen können die Gesundheit der Beschäftigten beeinträchtigen und psychische Belastungen hervorrufen. Störender Lärm kann bspw. Stressreaktionen auslösen. Daher kann die ArbStättV in Verbindung mit dem ArbSchG zur Legitimation der psychischen Gefährdungsbeurteilung einen Beitrag leisten
Arbeitszeitgesetz (ArbZG)	Regelungen zur Arbeitszeit, zu Ruhezeiten, zur Nacht-/Schichtarbeit wirken mittelbar auf die Reduzierung psychischer Fehlbelastungen. Das ArbZG basierend auf der europäischen Richtlinie 93/104/EG ist also nicht nur für die Flexibilisierung der Arbeitszeit, sondern auch für den Schutz der Gesundheit von Bedeutung
Berufsgenossenschaftliche Informationen *BGI 650* *BGI 609* *BGI 5107*	Der Leitfaden für die Gestaltung von Bildschirm- und Büroarbeitsplätzen der Verwaltungsberufsgenossenschaft bündelt arbeitswissenschaftlich gesicherte Informationen zur Bildschirmarbeit und berücksichtigt auch psychische Faktoren. Die BGI 5107 erläutert dabei den richtigen Umgang mit Stress. Auch die BGI 609 „Stress am Arbeitsplatz" der Vereinigung der Metall-Berufsgenossenschaften ist hier anzuführen. Eine umfassende Darstellung zu den psychischen Belastungen findet man in der GUV-I 8628 des Bundesverbands der Unfallkassen

(Fortsetzung)

Tab. 3.1 (Fortsetzung)

Rechtsgrundlage	Erläuterung
Betriebsverfassungsgesetz und analog Personalvertretungsgesetze (*BetrVG*)	Es besteht ein Mitbestimmungsrecht (§ 87 Abs. 1 Nr. 7). Im Sinne des Initiativrechts kann der Betriebsrat eine psychische Gefährdungsanalyse verlangen (BAG, Beschluss vom 08.06.2004 bis 1 ABR 4/03; 1 ABR 13/03). Auch könnte theoretisch der Arbeitnehmer selbst eine solche Beurteilung einfordern (§ 5 Abs. 1 ArbSchG in Verbindung mit § 618 Abs. 1 Satz 1 BGB). Jedoch entscheidet der Arbeitgeber über die Herangehensweise. Der Arbeitgeber hat also Spielraum bei der Umsetzung (BAG, Urteil vom 12.08.2008 – 9 AZR 1117/06). Zu beachten ist hier, dass sich der Betriebsrat nach § 89 (1) dafür einsetzen soll, dass gesetzliche Vorschriften zum Arbeitsschutz umgesetzt werden. In weiteren Paragrafen wird die Zusammenarbeit zwischen Arbeitgeber und Betriebsrat dargelegt (§ 90,2 usw.)
Bildschirmarbeitsverordnung (*BildscharbV*)	Die BildscharbV berücksichtigt psychische Belastungen, denn bei der Beurteilung der Arbeitsbedingungen an Bildschirmarbeitsplätzen hat der Arbeitgeber die Sicherheits- und Gesundheitsbedingungen in Bezug auf ergonomische Aspekte und hinsichtlich psychischer Belastungen zu ermitteln und zu beurteilen (§ 3 BildscharbV). Im Anhang findet man ergonomische Grundsätze bei der Verarbeitung von Informationen durch Menschen. Die BildscharbV stellt die Umsetzung der europäischen Richtlinie 90/270/EWG dar
DGUV Vorschrift 1 & 2	Die Unfallverhütungsvorschrift DGUV Vorschrift 1 der Deutschen Gesetzlichen Unfallversicherung e. V. (bisher BGV A1) beschreibt die Grundsätze der Prävention. Die Unfallverhütungsvorschrift „Betriebsärzte und Fachkräfte für Arbeitssicherheit" (DGUV Vorschrift 2) bietet seit dem 1. Januar 2011 eine einheitliche Vorgabe zur Konkretisierung des ASiG. Dort findet man auch Vorgaben in Bezug auf die Gefährdungsanalyse. Bei der betriebsspezifischen Betreuung wird auf die Unterstützung des Arbeitgebers bei der Gestaltung von Programmen, Strategien und Kampagnen zur Bewältigung psychischer Belastungen hingewiesen
Dienstrechtsmodernisierungsgesetz (*DRModG NRW*)	Im § 76 zum Behördlichen Gesundheitsmanagement heißt es dort ausdrücklich, dass gesundheitsbelastende Faktoren zu identifizieren sind und diese nach Möglichkeit auszumerzen

(Fortsetzung)

Tab. 3.1 (Fortsetzung)

Rechtsgrundlage	Erläuterung
DIN EN ISO 10075 *(Teil 1 bis 3)*	Diese Ergonomie-Norm erläutert nicht nur die Begriffe rund um psychische Arbeitsbelastung, sondern definiert neben den Gestaltungsgrundsätzen auch die Anforderungen an Verfahren zur Messung psychischer Belastung, Beanspruchung und ihrer Folgen. Instrumente zur Gefährdungsbeurteilung psychischer Belastungen sollten einen Bezug zur DIN EN ISO 10075 (Teil 3) aufweisen. Auch weitere Ergonomie-Normen wie die DIN EN ISO 9241, die sich mit der Ergonomie interaktiver Systeme befasst, sind hier zu berücksichtigen
Leitlinie Gefährdungsbeurteilung und Dokumentation	Diese Leitlinie der GDA erklärt, was eine Gefährdungsbeurteilung umfassen muss. Sie gilt auch für die Erweiterung in Bezug auf psychische Belastungen. Danach dient die Gefährdungsbeurteilung der Prävention. Dabei schränkt sie sich nicht nur auf die Analyse ein, sondern beachtet auch die Gestaltung und Wirksamkeitskontrolle. Es geht nicht um die Beurteilung von Beschäftigten und deren Gesundheit, sondern um die Arbeitsbedingungen. Die Vorgehensweise sollte sich stets an den aktuellen arbeitswissenschaftlichen Erkenntnissen ausrichten. Problematisch ist hier, dass nicht gesetzlich definiert ist, was gesicherte arbeitswissenschaftliche Erkenntnisse sind
Maschinenverordnung	Gemäß der Maschinenverordnung in Verbindung mit dem Anhang I der Maschinenrichtlinie (9. Verordnung zum Gerätesicherheitsgesetz gemäß Maschinenrichtlinie 89/392/EWG) sollen psychische Fehlbelastungen präventiv durch eine angemessene Auslegung der Maschinen vermieden bzw. auf das mögliche Mindestmaß reduziert werden. Das Gerätesicherheitsgesetz (GPSG) ist zwischenzeitlich durch das Produktsicherheitsgesetz (ProdSG) ersetzt worden
Präventionsgesetz *(PrävG)*	Das Präventionsgesetz stärkt allgemein die Bedeutung der Gesundheitsvorsorge und im Besonderen zielt das Gesetz auch auf das Zusammenwirken zwischen Arbeitsschutz und betrieblicher Gesundheitsförderung, um die ganzheitliche Präventionsarbeit in Organisationen zu stärken
Sozialgesetzbuch *(hier v. a. SGB V, VII)*	Laut SGB lassen sich Maßnahmen der Prävention und Gesundheitsförderung von den Krankenkassen im Betrieb mitfinanzieren. Eine Gefährdungsbeurteilung psychischer Belastungen gilt als Instrument der Prävention. Im siebten Buch wird den Unfallversicherungsträgern ein erweiterter Präventionsauftrag erteilt, also auch die Vorbeugung arbeitsbedingter Gesundheitsgefahren (§§ 1, 14 SGB VII)

Leben sowie körperlicher und *psychischer Unversehrtheit* festgeschrieben. Aber man sollte sich nicht nur auf die reine Pflichterfüllung berufen, sondern sich vor Augen führen, dass mit der Gefährdungsbeurteilung psychischer Belastungen der entscheidende Aufschlag für Prävention und Lösung kritischer psychischer Belastungsmomente erfolgt – der Nutzen ist vielfach belegt (vgl. Eichhorn und Schuller 2017).

3.2 Empfehlungen – Worauf sollte man achten?

Überzeugungswaffe Gesetze Die Vielzahl an Gesetzen, Verordnungen, Erklärungen schafft *Selbstbewusstsein* bei der Durchsetzung einer Gefährdungsbeurteilung psychischer Belastungen. In der Praxis empfiehlt sich als Einstieg eine kombinierte Betrachtung ArbSchG und DIN EN ISO 10075 – d. h. rechtliche Legitimation durch ArbSchG und Verständigungsgrundlage durch die Norm.

Bedarf an Handlungssicherheit Dennoch bleibt das *Wie* offen. Durch diese Offenheit hat man zwar einerseits den Vorteil, organisationsspezifische Vorgehensweisen zu entwickeln, andererseits eröffnet dieser Spielraum auch Möglichkeiten, um die Umsetzung zu torpedieren. Daher sollte man sich an die *Leitlinie der GDA* orientierten (GDA 2018), denn diese gibt Handlungssicherheit bei der Planung, Durchführung und Überwachung bei psychischen Belastungen am Arbeitsplatz. Nach dieser Leitlinie (GDA 2018, S. 11) ist eine Gefährdungsbeurteilung erfolgt, wenn sie durchgeführt, zutreffend bewertet wird, die Maßnahmen angemessen sind, Wirksamkeitskontrollen erfolgt sind, die Beurteilungen aktuell sind und wenn eine ausreichende Dokumentation vorliegt. Ebenfalls findet man in der Leitlinie Checklisten zu Inhalten und zur Prozessqualität der Gefährdungsbeurteilung.

Verbindlichkeit durch Betriebsvereinbarung Laut BAG-Beschluss vom 08.06.2004 (1 ABR 4/03) sollte eine Betriebsvereinbarung zur psychischen Gefährdungsbeurteilung drei Komponenten enthalten:

1. Aussagen zum Instrument bzw. zur eingesetzten Methode
2. Festlegung von Grenzwerten (oft aber auch abhängig von der Methode)
3. Verfahren für die Festlegung von Maßnahmen und Durchführung

Ergänzende Paragrafen sind Geltungsbereich, Nutzen und Ziele, Gremien (Steuerungskreis und Ausschüsse), Wiederholungsfrequenz (Turnus), Datenschutz und Dokumentation. Entscheidend ist, dass man ein „rechtssicheres" und transparentes Dokument schafft.

3.3   Wissen kompakt: Rechtsgrundlagen

- Das ArbSchG in seiner Novellierung von 2013 hebt ausdrücklich die Notwendigkeit hervor, psychische Belastungen im Rahmen einer ganzheitlichen Arbeitsschutzstrategie zu berücksichtigen. Die rechtliche Legitimation kann aus diesem Gesetz abgeleitet werden. Die Norm DIN EN ISO 10075 sollte ergänzend als Verständigungsgrundlage verwendet werden.
- Vorschriften, Verordnungen, Leitlinien, Erklärungen, Normen flankieren das ArbSchG in seiner abstrahierenden Darstellung. Sie helfen bei der Interpretation und Umsetzung, denn die konkrete Herangehensweise ist nicht geregelt. Dieser Spielraum eröffnet die Option, organisationsspezifische Vorgehensweisen zu wählen, kann aber auch zum Schlupfloch werden.
- Man sollte sich in Bezug auf die konkrete Herangehensweise auf die Leitlinie der GDA (2018) berufen. Konkrete Umsetzungen beschreiben begleitende GUV-Informationen wie die GUV-I-8766 oder die Handlungshilfe der INQA (Holm und Geray 2012).
- Die Anwaltschaft für die psychische Gesundheit wächst zusehends. Psychische Gesundheit ist kein Tabuthema mehr im Rechtsraum.

Psychische Belastungsfaktoren

4

Im Folgenden wird aufgezeigt, was psychische Belastungsfaktoren sind. Modelle helfen bei der Klassifikation und Interpretation. Aufgrund der zum Teil fatalen *„Irrungen und Wirrungen"* im Hinblick auf die Hype-Begriffe Stress und Burn-out ist ein fundiertes theoretisches Verständnis für die Durchführung der Gefährdungsbeurteilung erfolgversprechend.

4.1 Übersicht – Welche psychische Belastungsfaktoren sind bekannt?

Was sind psychische Belastungsfaktoren? Der Stressreport Deutschland (Lohmann-Haislah 2012) offenbart mögliche Belastungsfaktoren, die für eine Zunahme von Stress & Co. verantwortlich sind. Dazu gehören Multitasking, Arbeitsunterbrechungen und Zeitdruck. Trotz steigender Komplexität und erhöhten Lernanforderungen wiederholen sich auch Arbeitsgänge bis ins Detail, sodass eine wiederkehrende und fragmentierte Tätigkeit realer Berufsalltag ist. Aus Beanspruchungssicht werden v. a. von den Befragten starker Termin- und Leistungsdruck sowie Arbeitsunterbrechungen hervorgehoben. Auch andere Faktoren steigen, so bspw. Anforderungen aus der Arbeitsorganisation wie Schichttätigkeit. Positiv konstatiert der Stressreport, dass Ressourcen als Puffer vorliegen, bspw. soziale Unterstützung und Handlungsspielraum. *Forschungsergebnisse offenbaren, dass v. a. Arbeitsintensität, Handlungsspielraum, fehlende Führung, soziale Unterstützung und Arbeitszeit zentrale psychische Belastungsfaktoren sind, die bei einer Gefährdungsbeurteilung zu berücksichtigen sind.* In der Tab. 4.1 werden klassische Faktoren dargestellt, die bei „guter" Gestaltung gesundheitsförderlich, aber bei Defiziten zu psychischen Beeinträchtigungen

© Springer Fachmedien Wiesbaden GmbH, ein Teil von Springer Nature 2019
M. Treier, *Gefährdungsbeurteilung psychischer Belastungen*, essentials,
https://doi.org/10.1007/978-3-658-23293-1_4

Tab. 4.1 Psychische Belastungsfaktoren in der Arbeitswelt

Belastungsfaktoren	Erfassungs- und Handlungsfelder
Arbeitsinhalt Arbeitsaufgabe	• *Arbeitsintensität:* Hier differenziert man zwischen qualitativer und quantitativer Unter- und Überforderung. Qualitativ ist meistens durch Qualifikationsdefizite bedingt, quantitativ betrifft die Arbeitsmenge (zu wenig Zeit oder zu viele Aufgaben). Das Boreout- (Unterforderung, mangelnde Anerkennung) kann wie das Burn-out-Phänomen zu psychischen Störungen führen • *Emotionale Inanspruchnahme:* Man spricht auch von Emotionsarbeit bei einer zunehmenden Dienstleistungsorientierung. Emotionale Belastungen wie Umgang mit schwierigen Kunden oder der Freundlichkeitsdruck bis zum Umgang mit Leid werden im Zusammenhang mit Burn-out-Faktoren gebracht • *Handlungsspielraum:* Die Freiheitsgrade bestimmen den Grad der Autonomie und damit die Möglichkeit, Einfluss auf die Arbeit zu nehmen (Mitwirkung). Oftmals liegen erschwerend auch Rollenunklarheiten vor (Verantwortungsdiffusion) • *Qualifikation:* Damit werden Kompetenzen bezeichnet, die für eine fachgerechte Durchführung einer Tätigkeit erforderlich sind. Dazu gehören auch Metaqualifikationen wie soziale Kompetenz. Mangelnde Kongruenz zwischen Anforderungen und Kompetenzen ist ein wichtiger psychischer Belastungsfaktor • *Variabilität:* Abwechslungsreichtum verhindert Monotonie und fordert verschiedene Kompetenzen ein • *Vollständigkeit:* Hiermit wird auf die Ganzheitlichkeit Bezug genommen. Eine Aufgabe ist vollständig, wenn der Mitarbeiter nicht nur selbst ausführt, sondern auch vorbereitet, organisiert und kontrolliert. Damit werden verschiedene Denkanforderungen von unbewusster bis bewusster kognitiver Zuwendung adressiert

(Fortsetzung)

Tab. 4.1 (Fortsetzung)

Belastungsfaktoren	Erfassungs- und Handlungsfelder
Arbeitsorganisation	• *Arbeitsabläufe:* Wenn die Aufgaben aufgrund der Prozessabbildung nicht in vorgegebener Zeit bzw. Qualität erfüllbar sind oder die Arbeitsmenge unregelmäßig variiert bzw. nicht planbar ist, kann dies zu psychischen Fehlbeanspruchungen führen • *Arbeitsunterbrechungen:* Störungen führen zu Unterbrechungen des Arbeitsprozesses und beeinflussen negativ die Aufmerksamkeit. In dienstleistungsorientierten Bereichen fehlen oft störungsfreie Arbeitszeiten, um sich der Erledigung der Kernaufgaben widmen zu können • *Arbeitszeit:* Studien belegen die Bedeutung der Arbeitszeit für die psychische Gesundheit. Die Gestaltung der Erholungszeiten und die Abstimmung der Arbeits- mit der Lebenszeit (Work Life Balance) sind hier Handlungsfelder (z. B. Schichtarbeit) • *Informationsmängel:* Zu viele, aber auch zu wenige Informationen wirken sich negativ aus. Auch wenn Informationen nicht rechtzeitig verfügbar und veraltet sind oder sich die zur Verfügung gestellte Informationsmenge kognitiv nicht verarbeiten lässt (Multitasking), können diese Informationsdefizite zu psychischen Fehlbeanspruchungen führen • *Kommunikation und Kooperation:* Störungen der Abstimmung zwischen Mitarbeitern, die an einem Arbeitsauftrag arbeiten, gehören zu den psychischen Belastungsfaktoren. Bisweilen lassen sich organisatorische Gründe feststellen, die zu Schnittstellenproblemen führen, aber auch Probleme im Kontext der sozialen Beziehungen sind hier aufzuführen • *Rollenunklarheit/-ambiguität:* Zielsysteme sind beliebt. Problematisch ist, wenn Ziele unklar oder widersprüchlich formuliert sind. Auch unklare Zuständigkeiten gerade im Kontext der Zunahme team- und projektorientierter Kooperationen können zu „Rollenstress" führen

(Fortsetzung)

Tab. 4.1 (Fortsetzung)

Belastungsfaktoren	Erfassungs- und Handlungsfelder
Arbeitsumgebung	• *Arbeitsmittel:* Defizite bei Arbeitsmitteln von ungeeignetem oder unzureichendem Werkzeug bis zur defizitären Softwaregestaltung erhöhen das Belastungsniveau auf physischer und psychischer Ebene • *Arbeitsplatzgestaltung:* Raumgröße, Bewegungsfreiheit, Qualität der Anzeigeinstrumente sind ergonomische Faktoren, die bspw. bei der Bildschirmarbeit zu beachten sind. Wenn z. B. das Platzangebot nicht den Aufgabenanforderungen entspricht, dann erfordert dies zusätzliche psychische Energie zur Kompensation. Aktuell widmet man sich der kognitiven Ergonomie, also der Frage, wie digitale oder analoge Informationen abzubilden sind, sodass die Schnittstelle zum Menschen aus psychischer Belastungssicht optimal gestaltet ist • *Chemische und physikalische Faktoren:* Das Einatmen von Stäuben oder unangenehme Geruchsbelästigungen wirken sich nicht nur auf die physische, sondern auch auf die psychische Konstitution aus. Hoch ausgeprägter kontinuierlicher und nicht abzuschirmender Lärm stört bspw. die Aufmerksamkeit und Konzentration • *Physische Faktoren:* Schwere körperliche Arbeiten bis Zwangshaltungen oder Über-Kopf-Arbeiten wirken mittelbar auch auf die psychische Gesundheit • *Weitere Risikofaktoren:* Unfallrisiken, Umgang mit gefährlichen Arbeitsstoffen oder schwer einsehbare Maschinen, umweltpsychologisch angstauslösende Gestaltung von Gängen oder Räumen (Beispiel: Kellerwege im Krankenhaus) lassen sich als weitere Belastungsquellen ausmachen

(Fortsetzung)

Tab. 4.1 (Fortsetzung)

Belastungsfaktoren	Erfassungs- und Handlungsfelder
Soziale Beziehungen	• *Diskriminierung:* Belastungen durch Diskriminierung wegen Geschlecht, Alter, Ethnie etc. werden oft als Auslöser für psychische Störungen identifiziert • *Konflikte:* Konflikte mit Kollegen oder Führungskräften, aber auch mit Kunden sind nicht zu vermeiden. Aber sie können bis zum Mobbing entarten und dadurch eine problemlösungsorientierte Konfliktlösung unmöglich machen • *Kultur:* Problematisch ist, wenn die Wert- und Normvorstellungen einer Organisation im Widerspruch zu individuellen Verhaltens- und Denkmustern stehen. Auch wird innerhalb der Organisationskultur der Stellenwert der Gesundheit definiert und damit die Reaktionsweisen auf Krankheit reguliert • *Unterstützung:* Wenn Führungskräfte oder Kollegen nicht unterstützen oder auch keine Rückmeldung zur Arbeitsleistung geben, dann fehlt eine wichtige soziale Ressource, die in vielen Theorien als zentrale Puffergröße zwischen Belastungen und Beanspruchungen hinterlegt ist (siehe Abschn. 4.2)
Fazit: Psychischer Gefährdungsindex	• Die psychischen Belastungsfaktoren lassen sich mithilfe sachlogischer und statistischer Kriterien als einen gewichteten Wert zusammenfassen. Dieser psychische Gefährdungsindex kann zur Orientierung dienen

von der Ermüdung über Disstress bis zu Depressionen führen können (Richter et al. in BAuA 2014, S. 163; Uhle und Treier 2015, S. 117 ff.). Im Sinne der *Humankriterien der Arbeit* geht es nicht mehr nur um Ausführbarkeit und Beeinträchtigungsfreiheit, sondern auch um Gesundheits- und Persönlichkeitsförderlichkeit (Ulich 2011, S. 44 ff.).

4.2 Theoretische Grundlagen – Welche Theorien erklären das Phänomen?

Das Grundmodell Abb. 4.1 illustriert das Grundmodell in Anlehnung an das erweiterte Belastungs- und Beanspruchungsmodell von Rohmert und Rutenfranz (Schlick et al. 2018, S. 24 ff.). Arbeitsbedingte und private Belastungen führen sowohl zu positiven als auch negativen Beanspruchungen (Doppelrolle der Beanspruchung) in Abhängigkeit von bzw. vermittelt durch Ressourcen.

▶ **Schema** Belastung (objektive Einflüsse) → Mensch (Redefinition) → Beanspruchung (Auswirkung der Belastung) → Beanspruchungs-folgen (mittel- und langfristig).

Nachhaltiges Vorgehen und Ganzheitlichkeit der Angebote Aus Sicht der Nachhaltigkeit sollte man das *„Übel an der Wurzel packen"*. Für die psychische Gesundheit bedeutet Letzteres, dass die Kompensation psychisch belastender Arbeitsbedingungen (siehe Tab. 4.1) durch Stärkung persönlicher Ressourcen weniger effektiv ist, als wenn man die Arbeitsbedingungen selbst verändert. Auch ist es nachhaltiger, Ressourcen in der Arbeitswelt wie gesunde Führung zu fördern, als am Ende der Fahnenstange bei den persönlichen Ressourcen mithilfe

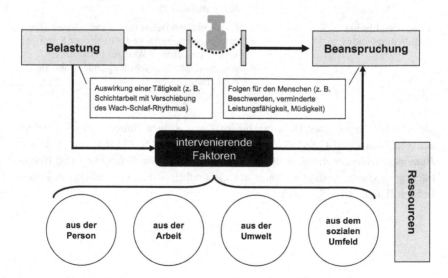

Abb. 4.1 Belastungs- und Beanspruchungsmodell nach Rohmert und Rutenfranz

von Stress- und Zeitmanagement zu beginnen. Optimal ist eine gemeinsame Strategie der Gesundheitsförderung sowie gesundheits- und persönlichkeitsförderlichen Arbeits- und Organisationsgestaltung bis zur Life Domain Balance, denn auch andere Lebensaktivitäten beeinflussen die Erwerbsarbeit und umgekehrt (vgl. Ulich und Wülser 2018). Die ganzheitliche und gemeinsame Strategie kann man als *POT-TOP-Prinzip* bezeichnen (siehe Abb. 4.2). Das TOP-Prinzip ist aus dem klassischen Arbeitsschutz entlehnt und bezeichnet gemäß § 4 ArbSchG die Verpflichtung, dass Risiken möglichst direkt an der Quelle zu beseitigen sind. Im Bereich Gesundheit reicht dies oftmals nicht aus, da meistens keine eindeutige Wirkungs-Dosis-Beziehung vorliegt, sondern multikausale Zusammenhänge. Organisatorische und personenbezogene Maßnahmen sind dann ergänzend oder sogar ersetzend zu ergreifen. POT-Maßnahmen lassen sich zügig inszenieren und überbrücken die zeitliche Lücke, bis die TOP-Ansätze Fuß fassen können. Das Problem beim TOP ist, dass man Ausdauer benötigt, denn Verhältnisse – v. a. wenn man an Kulturparameter wie Führung denkt – lassen sich nicht so schnell umkrempeln, sondern benötigen Zeit – sie sind eher systemischer Natur. Auf die Konsistenz der Maßnahmengestaltung ist stets zu achten.

Stresstheorien Viele „Stresstheorien" können zurate gezogen werden, um Auswirkungen von psychischen Belastungsfaktoren in Wechselwirkung mit Ressourcen zu erläutern (vgl. Kaluza 2018; Kirchler und Hölzl in Kirchler

POT-Prinzip: Hierunter fallen vor allem Kürangebote. Kürangebote gehören zur betriebliche Gesundheitsförderung. *Beispiele:* Aufklärung, Beratung, Programme zur Gesundheitsförderung (körperliche und psychische Fitness), Programme zur Steigerung der Erholungsfähigkeit.

Verhaltensprävention

Führung & Kultur

Verhältnisprävention

TOP-Prinzip: Hierunter fallen vor allem Pflichtangebote, um potenzielle Gefahren und Risiken zu minimieren (Arbeitsschutz). *Beispiele:* Aufgaben- und Arbeitsplatzgestaltung, psychosoziale und arbeitsmedizinische Betreuung, Angebote des betrieblichen Eingliederungsmanagements.

Abb. 4.2 POT-TOP-Prinzip

2011, S. 283 ff.; Uhle und Treier 2015, S. 112 ff.). Neben dem Belastungs-Beanspruchungs-Modell ist hier v. a. die transaktionale Stresstheorie zu beachten (s. u.). Weitere Modelle flankieren das Belastungs- und Beanspruchungsmodell.

- *Das Gratifikationskrisenmodell von Siegrist:* In diesem Modell wird neben den bekannten „Verausgabungsfaktoren" ein weiterer Parameter in die Waagschale geworfen: Gratifikationen. Damit sind nicht nur das Gehalt gemeint, sondern v. a. die soziale Anerkennung und Karrierechancen. Wenn der Betroffene diese Anerkennung positiv erlebt und Wertschätzung erfährt, dann ist dies ein wichtiger Puffer, der die Wirkung von psychischen Belastungsfaktoren positiv moderiert.
- *Das Job Demand Control Modell nach Karasek:* Bei diesem Modell wird das kritische Verhältnis zwischen erlebter Höhe der Anforderungen und eingeschränktem Handlungsspielraum am Arbeitsplatz verdeutlicht (high strain job). Der wesentliche Stressor ist der geringe Handlungs- und Entscheidungsspielraum, nicht die Arbeitsmenge. So können hohe Anforderungen in der Arbeit in Verbindung mit ausgeprägtem Entscheidungsspielraum (active jobs) auch eine Chance für persönliche Entwicklung und das Erleben von Selbstwirksamkeit sein. Als weiterer Puffer ist die soziale Unterstützung im JDCS-Modell (Job Demand × Control × Social Support) hinzugekommen.
- *Das Konzept des psychischen Stresses nach Greif:* Auch in diesem Modell wird zwischen psychischen Belastungen und Anforderungen differenziert. Ziel ist die Reduktion der Stressoren. Die Anforderungen werden als Pufferfaktoren zur Abschwächung der gesundheitsschädlichen Wirkung der psychischen Belastungen verstanden. Ein Puffer ist z. B. die soziale Unterstützung.
- *Das Modell der Salutogenese von Antonovsky:* Die Gefährdungsanalyse ist primär mit der Frage beschäftigt, was krank machen kann. Dass diese Sichtweise nicht ausreicht, um psychische Gesundheit zu verstehen, zeigt das Konzept der Salutogenese, denn entscheidend ist in Anbetracht der Belastungen auch die Frage, was gesund hält. Das Urvertrauen ist hier ein wichtiger Ansatzpunkt und wird durch Forschungen zum Konstrukt der Selbstwirksamkeit bestätigt (Kohärenzgefühl). Dieser Paradigmenwechsel spiegelt sich im Verständnis der betrieblichen Gesundheitsförderung wider, die mit der Ottawa-Charta 1986 eingeleitet worden ist.

Das transaktionale Stressmodell Die Leitfrage lautet: *„Kann ich mit meinen Ressourcen die Stressoren bewältigen?"* Der Gedanke dabei ist, dass in einer als stressend erlebten Situation aus der Perspektive der betroffenen Person eine Art Ungleichgewicht zwischen Anforderungen und Ressourcen besteht (Lazarus und Folkmann 1984). Damit glaubt die Person, dass sie diesen Anforderungen nicht gewachsen seien. Demnach ist nicht nur der Reiz für die Stressreaktion von Bedeutung, sondern die kognitive Verarbeitung durch den Betroffenen. In der ersten Bewertungsebene stellt sich der Betroffene die Frage, ob die Situation eine Bedrohung enthält (Bedeutung des Ereignisses). In der zweiten Bewertungsebene kann er sich fragen, ob die Situation mit den zur Verfügung stehenden Ressourcen bewältigt werden kann (wahrgenommene Bewältigungsfähigkeit). So kann es sein, dass zunächst die Stressoren Ärger oder Angst (Bedrohung oder Schaden) auslösen. Wirft dann der Betroffene seine Bewältigungsfähigkeiten/-möglichkeiten in die Waagschale, so kann aus der Angst Neugierde werden, denn die Situation lässt sich bewältigen und stellt sich positiv als Herausforderung dar. Die Bewältigung (Coping) kann problembezogen (aktives Herangehen, instrumentelle Lösungssuche etc.) und/oder emotionsbezogen (Ablenkung, aber auch Medikamente) erfolgen. Abb. 4.3 illustriert das Modell (vgl. Uhle und Treier 2015, S. 376).

Modellübergreifend und verallgemeinernd lässt sich festhalten: Gesundheitsrisiken bei psychischer Belastung hängen in hohem Maße vom Zusammenspiel von potenziell „Kraft raubenden" Anforderungen und potenziell „Kraft gebenden" Ressourcen, also unterstützenden Merkmalen der Arbeit ab. Deshalb ist es im Rahmen der Gefährdungsbeurteilung sinnvoll, nicht nur die negativen, sondern ebenso die positiven Ausprägungen psychischer Belastung zu betrachten, diese zu bewerten und zu kommunizieren (Morschhäuser et al. in BAuA 2014, S. 29).

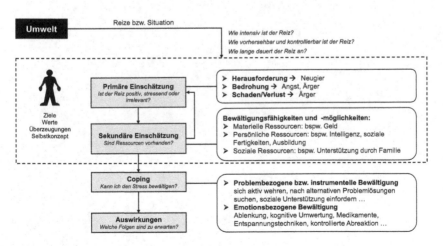

Abb. 4.3 Das transaktionale Stressmodell nach Lazarus

4.3　Wissen kompakt: Psychische Belastungsfaktoren

- Studien belegen, dass hohe Arbeitsintensität, geringer Handlungsspielraum, reduzierte soziale Unterstützung und nicht planbare Arbeitszeiten Risikofaktoren für psychische Gesundheit sind. Das Zusammenwirken zwischen den Merkmalen ist dabei zu beachten (potenzierende Wirkung).
- Eine Gefährdung der psychischen Gesundheit liegt v. a. bei Tätigkeiten vor, bei denen hohe Arbeitsintensität mit niedrigem Handlungsspielraum gekoppelt sind.
- Stresstheorien erklären die Interaktion zwischen Belastungsfaktoren, Ressourcen und Beanspruchungsfolgen. Sowohl das Belastungs- und Beanspruchungsmodell als auch die transaktionale Stresstheorie eignen sich, um die Wirkungsweise zu erläutern.
- In der Praxis macht es Sinn, mithilfe dieser Modelle die Rolle der Gefährdungsbeurteilung psychischer Belastungen zu verdeutlichen. Wichtig ist, dass man zwischen psychischen Belastungen (objektive Bedingungsfaktoren) und Beanspruchungen (Auswirkungen derselben) präzise differenziert.

Vorgehen bei der psychischen Gefährdungsbeurteilung

5

Im Folgenden wird das Vorgehen bei einer psychischen Gefährdungsbeurteilung dargestellt. In der Praxis resultieren Anpassungen im Hinblick auf den Organisationskontext. Aufgrund der Unbestimmtheit des Themas sind einige Regeln zu beachten. Schulungen können eine gemeinsame Verständnisgrundlage schaffen.

5.1 Vorgehen und Erfolgsfaktoren – Worauf muss man achten?

Auslöser und Herausforderungen Die Auseinandersetzung mit der Frage der Umsetzung einer psychischen Gefährdungsbeurteilung ist bisweilen *ausgelöst durch* Probleme wie hoher Krankenstand, hohe Fluktuationsquote, Leistungs- und Qualitätsdefizite, schlechtes Betriebsklima oder das Vorliegen von psychosozialen Konflikten. Man sollte sich aber nicht erst dann der Gefährdungsanalyse widmen, wenn schon „das Kind in den Brunnen gefallen" ist. Gerade in Anbetracht der spürbaren Effekte von psychischen Belastungen in der Arbeitswelt ist eine aktive Gefährdungsvermeidung bei psychischer Belastung Gebot der Stunde (vgl. Beck et al. 2017). Folgende Herausforderungen sind dabei zu beachten…

- Ermittlung der Gefährdungen ⇔ unbekanntes Terrain, zum Teil Missverständnisse durch unklare Abgrenzung zu Beanspruchungen wie Stress
- Beurteilung der Gefährdungen ⇔ Fehlen von Maßstäben, unklare Bewertungslogik, ausgeprägter Interpretationsspielraum

© Springer Fachmedien Wiesbaden GmbH, ein Teil von Springer Nature 2019
M. Treier, *Gefährdungsbeurteilung psychischer Belastungen*, essentials,
https://doi.org/10.1007/978-3-658-23293-1_5

- Veränderung der Gefährdungsfaktoren ⇔ fehlende Systematik, eingeschränkte Berücksichtigung der Ganzheitlichkeit im Sinne des MTO-Schemas (Mensch, Technik und Organisation)
- Wirksamkeitskontrolle und Evaluation ⇔ unklare Erfolgskriterien, fehlende Messinstrumente

Schritte der Gefährdungsbeurteilung Das Vorgehen unterscheidet sich nicht von einer Mitarbeiterbefragung (Nieder in Domsch und Ladwig 2013, S. 203 ff.): Planung und Vorbereitung, Erstellung eines Aktionsplans, Ermittlung und Beurteilung der Belastungen, Ableitung von Maßnahmen und deren Evaluation, begleitende Dokumentation und Fortschreibung des Prozesses. Zu empfehlen ist eine Koordination der Gefährdungsbeurteilung unter *Beteiligung des Arbeitsschutzausschusses* – eine Entkoppelung vom etablierten Arbeitsschutz ist nicht zielführend. Tab. 5.1 zeigt die erforderlichen Schritte (Holm und Geray 2012, S. 19 ff.; vgl. Molnar 2018).

Erfolgskriterien und Empfehlungen Eine breite Einbindung von Stakeholdern wie Arbeitsmedizin, Fachkräfte für Arbeitssicherheit, Personalreferenten, Betriebsrat schafft Akzeptanz im innerbetrieblichen Geschehen. Anfänglich sollte man die Einführung mithilfe einer *Projektorganisation* realisieren und den Lenkungskreis mit „hohen Positionen" und paritätisch in Bezug auf Arbeitnehmer- und Arbeitgeberinteressen besetzen. Später ist eine *strukturelle Verankerung* in der Primärorganisation bspw. im Bereich Arbeits- und Gesundheitsschutz oder Personalmanagement sinnvoll. Gerade der erste Aufschlag muss gelingen, die „Zweifler" zu überzeugen – Erklären und Verstehen sind die Zielgrößen. Dabei kann das Wissen um die *umsetzungshemmenden Faktoren* helfen, Probleme gezielt anzusprechen. So zeigen Studien (Beck et al. 2012, S. 116 f.), dass Führungskräfte den Umgang mit psychosozialen Risiken schwierig finden – dies hängt u. a. damit zusammen, dass psychische Belastungen als synonym zu den oftmals negativ konnotierten psychischen Störungen gesetzt werden. Unbewusst oder bewusst kann es dann auch zur Ablehnung der Gefährdungsbeurteilung psychischer Belastungen kommen. Fehlendes Wissen und mangelndes Problembewusstsein sind besonders problematisch in diesem Themenfeld. Wenn man nicht weiß, wie die Herangehensweise ist, meidet man das Thema. Daher sollte man frühzeitig auf *offizielle Handlungshilfen* aufmerksam machen. Ein weiterer hemmender Faktor sind festgefahrene Konfliktstrukturen zwischen betrieblichen

Tab. 5.1 Schritte der Gefährdungsbeurteilung psychischer Belastungen

Schritte	Erläuterung
1. Schritt **Vereinbarung**	**Verpflichtung zur Umsetzung – Verbindlichkeit schaffen** Verbindlichkeit schafft eine Betriebs- bzw. Dienstvereinbarung zwischen Mitbestimmung und Arbeitgeber. Alternativ kann man über einen Pilot das künftige Vorgehen erproben, um diese Erfahrungen anschließend in eine Betriebsvereinbarung festzuschreiben
2. Schritt **Gemeinsame Sprache**	**Workshop als Verständigungsgrundlage** In vielen Organisationen ist das Thema noch nicht besetzt. Aufgrund der begrifflichen Unklarheit und Tabuisierung empfiehlt es sich, einen extern moderierten Workshop als Einstieg durchzuführen. Dieser sollte sich an die Inhalte der DIN EN ISO 10075 anlehnen und die Umsetzungsmaximen abbilden (siehe Abschn. 5.3)
3. Schritt **Steuerung**	**Bildung einer Steuerungsgruppe** Im Sinne des Projektmanagements sollte ein Lenkungskreis mit paritätischer Besetzung (Arbeitnehmer- und Arbeitgeberseite sowie Betriebsarzt, Fachkraft für Arbeitssicherheit, Schwerbehindertenvertretung etc.) einberufen werden. Er bestimmt das Vorgehen, definiert das strategische Soll bzw. den Rahmen zur Umsetzung, beschafft Ressourcen und evaluiert das Vorgehen
4. Schritt **Qualifizierung**	**Qualifizierung und Sensibilisierung der Akteure** Die Personen des Lenkungskreises und alle anderen mit der weiteren Durchführung der Gefährdungsbeurteilung beauftragten Personen sind zu schulen. Hier empfiehlt sich eine interne Schulung durch externe Experten. Führungskräfte sollten flächenhaft für das Thema sensibilisiert werden (siehe Schulungskonzept im Abschn. 5.3)
5. Schritt **Konzeptentwicklung**	**Festlegung des konkreten Vorgehens** Dieser Schritt entfällt oder muss nur angepasst werden, wenn Erfahrungen vorliegen. Meistens ist der Acker aber noch nicht gepflügt. Eine Unterstützung durch externe Fachberatung und der Blick auf Beispiele aus der Praxis sind zu empfehlen. Ein Konzept sollte das Vorgehen bei der Erfassung psychischer Belastungsfaktoren, die Einbindung der Beschäftigten, die Rückmeldung der Ergebnisse und Dokumentation sowie die Maßnahmenumsetzung bis zur Evaluation beschreiben. Dieses Konzept kann als kommentierender Anhang einer Betriebsvereinbarung fungieren

(Fortsetzung)

Tab. 5.1 (Fortsetzung)

Schritte	Erläuterung
6. Schritt **Einbindung der Beschäftigten**	**Einbeziehung der Beschäftigten von der Vorabinformation bis zur Unterweisung** Da das Thema oftmals mit Missverständnissen einhergeht (bspw. „Beklopptenanalyse"), sollte man die Beschäftigten über Sinn und Zweck des Vorgehens unterweisen und dabei die Wechselwirkung zwischen Arbeitsbedingungen und psychischer Gesundheit erläutern. Die Einbeziehung kann durch Vorabinformationen (Betriebsversammlung, Intranet), durch eine Unterweisung oder auch durch Handreichungen erfolgen
7. Schritt **Voranalyse**	**Analyse vorhandener Unterlagen und Daten** Fehlzeitenanalysen, AU-Quoten, Fluktuationszahlen, Analysen der Unfallversicherungsträger oder Krankenkassenberichte bis zu Produktions- und Qualitätskennzahlen geben Hinweise auf Baustellen, die aus Sicht der Gefährdungsanalyse zu fokussieren sind. Diese Daten eignen sich auch bei der Wirkungskontrolle als Indikatoren (Schritt 14)
8. Schritt **Pilotisierung**	**Auswahl von Pilotbereichen** Eine flächendeckende Analyse sollte nur bei vorliegenden Erfahrungen erfolgen. Falls man Neuland betritt, sind Bereiche auszuwählen, die für eine Pilotisierung von der Größenordnung über Akzeptanz bis zur Lösungswahrscheinlichkeit geeignet sind. Denn diese sichern den Erfolg in Bezug auf eine flächendeckende Umsetzung
9. Schritt **Screening**	**Grobanalyse durch Befragung** Vielfach ist man sich uneins, ob es sinnvoll ist, klassische und psychische Belastungsfaktoren getrennt zu erheben. Da sich psychische Belastungsfaktoren im Rahmen einer Begehung kaum erheben lassen, nutzt man zum Screening oft befragungsbasierte Instrumente. Diese können auch physische Belastungen oder organisatorische Faktoren miterfassen, um die Wechselwirkungen zu verdeutlichen. Anfänglich empfiehlt sich bei der Grobanalyse ein Turnus alle zwei Jahre, um Veränderungen aufzuzeigen. Bei Konsolidierung lässt sich dann auf einen Drei- bis Fünfjahresrhythmus umsteigen oder bei Veränderungen gezielt „hineinhorchen". Die Vorteile einer Befragung sind die Reichweite und das Erzielen einer repräsentativen Aussage. Datenschutz, Vertraulichkeit, Anonymität sind analog wie bei einer Mitarbeiterbefragung zu beachten. Bei der Befragung sollte man anfänglich auf einen standardisierten Fragebogen mit Interpretationsschablonen zurückgreifen (siehe Abschn. 6.3)

(Fortsetzung)

Tab. 5.1 (Fortsetzung)

Schritte	Erläuterung
10. Schritt Erstmaßnahmen	**Ableitung von Maßnahmen aus den Ergebnissen der Grobanalyse** Reichen die Resultate der Grobanalyse aus, erste Maßnahmen abzuleiten? Falls ja, können diese Maßnahmen verhältnis- und verhaltensorientiert sein. Die Erstmaßnahmen sollten möglichst schnell umgesetzt werden (oft POT-Ansatz). Langfristlösungen, die die Arbeitsbedingungen betreffen (z. B. Schichtmodelle im TOP-Ansatz), sind in einem Maßnahmenplan zu hinterlegen. Die Implementierung ist zu überwachen
11. Schritt Präsentation	**Präsentation der Ergebnisse der Grobanalyse** Der entscheidende Erfolgsfaktor ist eine zeitnahe Rückkopplung. Damit werden Vertrauen und Akzeptanz in Bezug auf das weitere Vorgehen oder bei künftigen Befragungen geschaffen. Die Ergebnispräsentationen sollten adressatengerecht aufbereitet sein
12. Schritt Detailanalyse	**Feinanalyse der psychischen Belastungsfaktoren** Signalisiert die Grobbewertung Handlungsbedarf, kann diesen aber nicht spezifizieren, ist eine Feinanalyse erforderlich. Diese kann mithilfe von moderierten Workshops, durch Beobachtungsinterviews oder psychologischen Arbeitsanalyseverfahren erfolgen. Gesundheits- und Qualitätszirkel eignen sich als Plattform zur Feinanalyse. Die Begleitung durch externe Experten ist aufgrund der Komplexität der Ursache-Wirkungs-Zusammenhänge zu empfehlen, falls keine eigene interne Expertise vorliegt
13. Schritt Umsetzung	**Umsetzung von Maßnahmen aus der Grob- und/oder Feinanalyse** Bei den Maßnahmen ist es wichtig, sich nicht nur auf schnelle Lösungswege zu stürzen. So wird reflexartig bei psychischen Belastungen auf der Verhaltensebene Seminare zum Stress- und Zeitmanagement offeriert. Man sollte hier bedenken, dass die Gefährdungsbeurteilung psychischer Belastungen auf die Reduzierung von Fehlbelastungen im Bereich der Arbeitsumgebung, Arbeitszeit und Arbeitsorganisation ausgerichtet ist. Weitere Ansatzpunkte sind Führung und Kultur. Ferner ist nicht nur Belastungsreduktion anzustreben, sondern auch der Aufbau von Ressourcen. So sind bspw. ein gesundheitsförderlicher Führungsstil und die Verbesserung des Sozialklimas wichtige verhältnisorientierte Ressourcen. Verhaltensorientiert sind v. a. die Gesundheitskompetenzen zu adressieren

(Fortsetzung)

Tab. 5.1 (Fortsetzung)

Schritte	Erläuterung
14. Schritt Evaluation	**Wirkungskontrolle, Dokumentation und reflektierte Anpassung** Eine Wirkungskontrolle ist im § 3 ArbSchG vorgeschrieben. So kann durch Teilnahmequoten, Befragungen zur Akzeptanz und wiederholten Messungen der Gefährdungsbeurteilung etc. festgestellt werden, ob Maßnahmen umgesetzt worden sind und welche Wirkungen diese zeitigen. Der gesamte Prozess sollte dokumentiert werden (§ 6 ArbSchG), denn nur dann findet man die Lücken, die gezielt anzugehen sind. Falls man sich für eine Pilotisierung entschieden hat, sollte man vor der bereichsübergreifenden Umsetzung kritische Faktoren identifizieren und ggf. das Vorgehen anpassen. Neue arbeitswissenschaftliche Erkenntnisse sind bei der Revision stets zu beachten
15. Schritt Standardisierung	**Übergang vom Pilot zum standardisierten Prozess** Anfänglich werden Organisationen das unbekannte Thema mithilfe einer Projektorganisation in Pilotbereichen übersetzen. Nach den Erfahrungswerten der Projektphase sollte dann die Überführung als Regelprozess erfolgen. Dabei ist festzulegen, wer das strategische Mandat zur Gefährdungsbeurteilung der psychischen Belastungen erhält (bspw. Gesundheits- und Arbeitsschutz oder Personalbereich) und wie diese im Kanon weiterer Untersuchungen abzubilden ist. Entscheidend ist, dass diese Gefährdungsbeurteilung zum Regelinstrument wird und künftig auch nicht zur Disposition steht. Daher ist eine strukturelle Verankerung in der Primärorganisation unerlässlich

Sozialpartnern. Daher ist es wichtig, keine der infrage kommenden Anspruchsgruppen zu ignorieren und den etablierten Arbeitsschutz als Startbrett zu nutzen.

▶   Tipp Auf der Plattform Gefährdungsbeurteilung[1] der BAuA findet man sowohl für die klassische als auch psychische Gefährdungsbeurteilung nützliche Informationen. U. a. sind Beispiele guter Praxis wie der EADS Health Check – ein Programm zur Prävention von psychischen Belastungen der EADS Deutschland GmbH aufgeführt. Beim Expertenwissen werden die psychischen Faktoren erläutert.

---

[1]http://www.gefaehrdungsbeurteilung.de.

Rollenklarheit schaffen Am Anfang sollte aufgrund des unbekannten Terrains eine *Rollenklärung* erfolgen, um Verantwortungsdiffusion und Konflikte zwischen den Anspruchsgruppen zu vermeiden.

- *Arbeitgeber:* Für Planung und Umsetzung der Gefährdungsbeurteilung ist der Arbeitgeber verantwortlich. Er kann nach § 13 Abs. 2 ArbSchG fachkundige Personen beauftragen (Delegation und Pflichtenübertragung im Arbeitsschutz).
- *Betriebs- oder Personalrat:* Die im BetrVG (§ 87 Abs. 1 Nr. 7) gesetzlich verankerten Mitbestimmungsrechte bei Organisation und Durchführung einer Gefährdungsbeurteilung sind zu beachten. Psychische Belastungen tangieren auch andere Mitbestimmungstatbestände (Arbeitszeit).
- *Beschäftigte:* Die Beschäftigten haben eine Pflicht zur Unterstützung, v. a. auch im Hinblick auf die Mitteilung von Gefährdungsfaktoren, aber auch Vorschlagsrechte.
- *Führungskräfte:* Nachhaltig ist die Umsetzung, wenn man Führungskräfte einbindet. Gerade bei der Ermittlung und Beurteilung psychischer Belastungen sowie bei den Maßnahmen ist die Unterstützung durch Führungskräfte unerlässlich. Die Mitwirkung ist deshalb verbindlich einzufordern.
- *Arbeitsausschuss:* Nach § 11 ASiG ist der Arbeitsausschuss (ASA) in Betrieben mit mehr als 20 Beschäftigten zu implementieren. Eine Beteiligung ist sinnvoll, da sich hier die Fachleute des Unternehmens verknüpfen. Die ASA stellt ein Beratungsgremium dar.
- *Fachkräfte für Arbeitssicherheit und Betriebsärzte:* DGUV Vorschrift 2 und ASiG betonen die Beratungsfunktion und Unterstützung bei Planung und Umsetzung der Gefährdungsbeurteilung.
- *Weitere externe Partner:* Arbeitgeberverbände, Unfallversicherungsträger, Arbeitsschutzbehörden, Gewerkschaften etc. bieten Unterstützung an. Aufsichtspersonen der Unfallversicherungsträger nach SGB VII und Aufsichtsbehörden der Länder gemäß ArbSchG beraten bei der Umsetzung der Gefährdungsbeurteilung und nehmen Überwachungsfunktionen wahr.

Merkmale guter Praxis In Anlehnung an die GDA Leitlinie „Beratung und Überwachung bei psychischer Belastung am Arbeitsplatz" (GDA 2018) lassen sich fünf *Kernmerkmale guter Praxis* identifizieren, an der sich die Ergebnis- und Prozessqualität messen sollte:

1. *Inhalte:* Themenfelder sind Arbeitsinhalte, Arbeitsorganisation, soziale Beziehungen und Arbeitsumgebung. Die Relevanz und Detaillierung innerhalb der Themenfelder ist abhängig von der Organisationsform. Für die Abfrage ist

wichtig, dass nur Inhalte gewählt werden, die nach dem aktuellen arbeitswissenschaftlichen Kenntnisstand von Bedeutung sind.

2. *Authentizität:* Halbfertige Beurteilungen oder eine Fassadenpolitik sind kontraproduktiv. Eine glaubwürdige Darstellung erzielt man nur, wenn man auch bereit ist, eine entsprechende methodische Qualität des Verfahrens sowie eine fachgerechte Anwendung einzufordern.

3. *Aussagekraft:* Was nützt ein Verfahren, was aussagt, dass Konflikte vorliegen. Entscheidend ist, dass das Verfahren Informationen bietet, damit problemspezifische und angemessene Maßnahmen lanciert werden können.

4. *Transparenz:* Die Stakeholder müssen nachvollziehen können, wie Aussagen zur psychosozialen Belastungssituation und Ableitungen von Maßnahmen entstanden sind. Beteiligung ist hier ein wichtiger Baustein, gerade in Bezug auf Führungskräfte. Dokumentation ist selbstredend.

5. *Information und Beteiligung:* Vorabinformationen schaffen eine Verständigungsgrundlage. Dabei ist auf die adressatengerechte Sprache bei der Kommunikation und Information zu achten. Diese müssen verdeutlichen, dass es hier nicht um den psychischen Zustand einzelner Personen geht. Bei der Ableitung von Zielen und Maßnahmen ist das Wissen der Mitarbeiter zu beachten.

5.2   Praktische Fragen – Welche Probleme tauchen in der Praxis auf?

Unsicherheiten liegen bei allen Akteuren vor. In der Praxis lassen sich einige Fragen identifizieren, die am Anfang der Diskussion auftreten (vgl. Paridon 2015, S. 20 ff.).

Wie oft muss eine Gefährdungsanalyse durchgeführt werden?
Bei gleichartigen Betriebsstätten, Arbeitsverfahren und Arbeitsplätzen werden Gefährdungen einmal ermittelt und beurteilt. Die Gefährdungsbeurteilung muss immer dann wiederholt werden, wenn sich die Umstände ändern. Am Anfang empfiehlt sich, nach etwa zwei Jahren eine Wiederholungsmessung durchzuführen, um die eingeleiteten Maßnahmen zu bewerten. Später reicht es aus, die Gefährdungsbeurteilung im Dreijahresrhythmus durchzuführen. Bei sehr „stabilen" Verhältnissen ist auch ein Fünfjahresrhythmus ausreichend.

Muss ich dokumentieren?
Die Durchführung der Gefährdungsbeurteilung ist gemäß § 6 ArbSchG zu dokumentieren. Alle Betriebe müssen die Beurteilung der Gefährdung, die festgelegten

Arbeitsschutzmaßnahmen, die Überprüfung der Durchführung und die Wirksamkeit darlegen. Mit der Novellierung des ArbSchG 2013 ist eine Dokumentation bereits ab dem ersten Beschäftigten erforderlich.

Muss ich die Kosten tragen?

In allen Fragen der Gefährdungsbeurteilung ist bei den Berufsgenossenschaften, Rentenversicherungsträgern und den Agenturen für Arbeit Unterstützung zu erhalten (Refinanzierung und inhaltliche Begleitung). Die Kosten des Arbeitgebers können teilweise übernommen werden. Gemäß § 20 b SGB V haben die Krankenkassen die Verpflichtung, die Träger der gesetzlichen Unfallversicherung bei der Verhütung arbeitsbedingter Gesundheitsgefahren zu unterstützen.

Muss ich eine eigenständige Gefährdungsanalyse psychischer Belastungen durchführen?

Hier geht es um die Frage nach einer integrierten Gefährdungsbeurteilung. *Nein,* es gibt keine Pflicht, jedoch könnte aus Effizienz- und Effektivitätsgründen eine Integration sinnvoll sein. *Ja,* in der Praxis wird man häufig auf eine getrennte Vorgehensweise zurückgreifen, denn die Methodologie unterscheidet sich von der klassischen Gefährdungsbeurteilung und vielfach fehlen auch die Fach- und Verfahrenskenntnisse. Auf Dauer ist aber eine Entkoppelung keineswegs erforderlich.

Welche Bereiche muss ich analysieren?

Oft beziehen sich psychische Belastungsfaktoren auf Organisationseinheiten. Aber es kann auch sinnvoll sein, Beschäftigtengruppen (z. B. Mitarbeiter in Schicht) zu fokussieren oder nach bestimmten demografischen Faktoren wie Alter die Belastungssituation zu ermitteln. Bei spezifischen Tätigkeitsanforderungen ist eine differenzierte Betrachtung erforderlich. Diese ist nur dann vorzunehmen, wenn es hierfür eine Legitimation gibt. Zunächst kann man sich an die Analyseebenen der klassischen Gefährdungsanalyse anlehnen. Bei kleinen Unternehmen, wo es kaum gleichartige Tätigkeiten oder Arbeitsplätze gibt, erfolgt aus Datenschutzgründen eine gesamthafte Betrachtung.

Welche Inhalte muss ich beachten?

Auf jeden Fall sind Arbeitsintensität, Handlungsspielraum, soziale Unterstützung und Arbeitszeit zu berücksichtigen. In Abhängigkeit von den bekannten Anforderungen sind weitere Faktoren festzulegen wie z. B. Gefahrstoffe oder Kundenumgang. Vielfach ist es hilfreich, auf bisherige Befragungen zurückzugreifen, da selten eine Nulllinie vorliegt. Aber auch Daten zu Fehlzeiten und Fluktuationen können Hinweise geben. Um sich einen Überblick zu verschaffen, bietet es sich an, auf Checklisten zurückzugreifen (siehe Abschn. 6.3).

5.3   Schulung – Wie kann man die neue Denkweise verankern?

Sich Zeit nehmen Eine Schulung zur Gefährdungsbeurteilung psychischer Belastungen ist keine Nachmittagsveranstaltung, sondern benötigt ca. drei halbtägige Termine mit begleitendem E-Learning (Blended Learning). Beispielhaft wird hier anhand einer Schulung in einem Unternehmen der Chemiebranche das Rahmenkonzept vorgestellt. Die Teilnehmer stammen aus den Bereichen Arbeits- und Gesundheitsschutz, Gesundheits-, Personal- und Sozialmanagement sowie Betriebsräte. Eine gemeinsame Schulung der Anspruchsgruppen ist aufgrund der zu erwartenden Zusammenarbeit sinnvoll.

1. *Diskussion:* Am ersten Termin werden Erfahrungen und allgemeine Fragen thematisiert. Dabei sind die Kernfragen: Was sind psychische Belastungen der Arbeit? Was sind mögliche Verursacher? Wie äußern sich psychische Belastungen? Welche Folgen sind zu erwarten? Wie lassen sich psychische Belastungen bestimmen? Ziele des ersten Termins sind „Kalibrierung" in Bezug auf das Thema und Schaffung einer gemeinsamen Verständigungsgrundlage. Zur Vorbereitung auf den zweiten Termin sind Übersichtsartikel zu Theorien zur Verfügung zu stellen.
2. *Vertiefung:* Am zweiten Termin werden theoretische Grundlagen und Best Practice erarbeitet. Zu empfehlen ist hier die Darstellung des Belastungs-Beanspruchungsmodells und der transaktionalen Stresstheorie (siehe Abschn. 4.2). An diesem Termin sind die Rechtsgrundlagen vorzustellen. Das Rollenverständnis der einzelnen Akteure gilt es zu konkretisieren.
3. *Übung:* Am dritten Termin werden anhand von Fällen Vorgehensweisen und Instrumente diskutiert. Falls ein Instrument festgelegt ist, sollte dieses in den Fokus rücken. Anhand von Fällen lässt sich dann die Risikoeinschätzung hinsichtlich psychischer Belastungen trainieren. Dabei ist es wichtig, dass die Teilnehmer lernen, sich auf die Bedingungsfaktoren zu konzentrieren und nicht die individuellen Auswirkungen in den Vordergrund zu stellen. Gestaltungsgrundsätze nach DIN EN ISO 10075-2 flankieren die Erfassung und manifestieren Ausrichtungen der Maßnahmen.

Abb. 5.1 verdeutlicht die Spannbreite der Themen, die in einer Schulung zu erarbeiten sind. Die Stränge Messung und Gestaltungsansätze werden v. a. im dritten Termin abgebildet

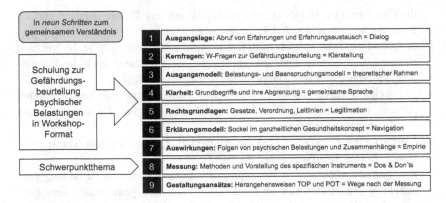

Abb. 5.1 Themenfelder einer Schulung zur Gefährdungsbeurteilung psychischer Belastungen

▶ **Tipp** Das Vorgehen der klassischen Gefährdungsbeurteilung im Arbeitsschutz ist bei den meisten Beteiligten schon gut verinnerlicht, sodass es Sinn macht, auf klassische Verfahren aufzuspringen und die psychischen Faktoren als Erweiterung zu begreifen. Einen übersichtlichen und fundierten Ratgeber zur Gefährdungsbeurteilung als Handbuch für Arbeitsschutzfachleute kann man von der BAuA (2016) kostenlos beziehen.

5.4   Wissen kompakt: Erfolgsfaktoren beim Vorgehen

- Eine Gefährdungsbeurteilung psychischer Belastungen ist komplex, da nach der Ermittlung von Gefährdungen auch Beurteilung, Veränderung und Wirksamkeitskontrolle erfolgen.
- Ein systematisches Vorgehen von der Vereinbarung über Konzeptentwicklung und Pilotisierung bis zur Umsetzung von Maßnahmen und deren Evaluation schafft Sicherheit und Transparenz.
- Eine Projektorganisation ist anfänglich aufgrund der vielen involvierten Akteure sinnvoll. Der Lenkungskreis sollte aus Bedeutungssicht gut positioniert sein (Promotoren) und paritätisch die Arbeitnehmer- und Arbeitgeberseite vertreten. Eine externe Beratung empfiehlt sich. Später ist eine strukturelle Verankerung in der Primärorganisation anzustreben.
- Eine Entkoppelung der Gefährdungsbeurteilung psychischer Belastungen vom etablierten Arbeitsschutz ist nicht zielführend. Im Gegenteil eignet sich bspw.

die Plattform des Arbeitsschutzausschusses, um das Thema politisch und im Sinne der Koordination effektiv zu lancieren.

- Aufgrund der Schwierigkeiten in Bezug auf die Methodologie ist die Nutzung standardisierter Instrumente zu empfehlen. Sie erleichtern auch die Beurteilung der ermittelten Werte (vergleichende Bewertungslogik).
- Als weiterer Erfolgsfaktor ist ein klares Rollenverständnis der beteiligten Akteure vom Betriebsrat über Führung, Beschäftigte und Fachleute bis zum Arbeitgeber festzumachen.
- Merkmale guter Praxis sind Inhalte, Authentizität, Aussagegehalt, Transparenz sowie Informationen und Beteiligung.
- Den Auftakt könnte nach Festlegung der organisatorischen Abbildung eine Schulung von Multiplikatoren sein. Damit kann eine gemeinsame Verständigungsgrundlage geschaffen werden.

Methoden der psychischen Gefährdungsbeurteilung

6

Im Folgenden geht es um die Methoden, die bei der Gefährdungsbeurteilung psychischer Belastungen zum Einsatz kommen. Positiv ist, dass es viele anerkannte Instrumente gibt, die eine aussagekräftige Messung erlauben. Die Kehrseite dieser Vielfalt ist das Entscheidungsdilemma: *Welches Verfahren ist für meine Organisation angemessen?* Im Rahmen dieses Kapitels werden Methoden und Instrumente vorgestellt. Die Empfehlungen sind nicht ausschließend, da der frei zugängliche und kommerzielle Markt an validen Verfahren boomt. Eine erweiterte Gesundheitsanalyse ermöglicht eine tiefergehende Untersuchung des (psychischen) Gesundheitszustands der Organisation.

6.1 Methodenvielfalt – Wie lassen sich psychische Belastungen erkennen?

Tradition der Arbeitsanalyse Viele Verfahren, ob als Fragebogen oder als Experteninterview realisiert, stehen in der Tradition arbeitswissenschaftlicher/-psychologischer Instrumente der Arbeitsanalyse wie das Tätigkeitsbewertungssystem (TBS) von Winfried Hacker (vgl. Ulich 2011, S. 141 ff.). Die Klassiker nutzen als Methode der Datengewinnung oftmals Beobachtungen bzw. Beobachtungsinterviews. Theoretisch liegt ihnen die *Handlungsregulationstheorie*[1] zugrunde (vgl. Hacker und Sachse 2014). Aber es gibt auch andere

---

[1]Die Handlungsregulationstheorie erklärt, wie der Mensch Wissens-, Denk- und körperliche Arbeit psychisch reguliert, um seine Handlungsziele zu erreichen. Jede Handlung besteht aus Teilhandlungen (hierarchischer Aufbau) und differenziert sich in automatisierte, bewusstseinsfähige und -pflichtige Regulationsprozesse. Ziel ist es, die Güte des Handelns zu optimieren.

Zugänge, um psychische Belastungen zu bestimmen. So könnte man die Mitarbeiterbefragung als Vehikel zur Erfassung psychischer Belastungsfaktoren nutzen (Omnibusbefragung). Auch lassen sich vorhandene Daten der Organisation wie Arbeitsunfähigkeitsdaten oder Gesundheitsberichte verwenden, um Indikatoren psychischer Belastung zu eruieren.

Folgende *Verfahrensarten* finden sich in der Praxis (Beck et al. in BAuA 2014, S. 55 ff.):

- Befragung von Beschäftigten über Arbeitsmerkmale wie Arbeitsinhalt
- Befragung von Beschäftigten über Beanspruchungsfolgen wie Stresserleben
- Beobachtung durch Experten (Arbeitswissenschaftler)
- Bewertung von Arbeitsmerkmalen durch interne Expertenteams
- Dokumentenanalyse vorhandener Daten des Betriebes
- Erfassung physiologischer Beanspruchungsindikatoren (z. B. Blutdruckmessung)
- Moderierte Analyseworkshops durch Fachexperten

Ebenen der Analyse Die klassische Gefährdungsanalyse bezieht sich auf die Auftrags- und Bedingungsebene (objektive Seite). Da aber psychische Belastungen oftmals nur mithilfe der Betroffenen erfasst werden können, kommt die subjektive Seite ins Spiel. Hier kann man zum einen erfassen, wie der Betroffene Anforderungen versteht und reguliert (Redefinition). Zum anderen geht es um die Analyse der Auswirkungen auf Befinden und Erleben der Beschäftigten wie erlebter Stress und Zufriedenheit. Abb. 6.1 illustriert *Verfahrenstypen der Arbeitsanalyse* (Uhle und Treier 2015, S. 320). Die objektive Seite wird v. a. durch Beobachtungsmethoden erfasst. Die subjektive Seite lässt sich durch Befragungen abbilden. Ein Mittelweg stellt die semi-objektive Verfahrensweise dar. Hier analysiert man nach Klassifikation ähnliche Arbeitsplätze. Die subjektiven Ergebnisse der Befragung werden sodann auf Übereinstimmungen zwischen den Beurteilenden überprüft.

Klassifikation der Verfahren In der Praxis differenziert man zwischen orientierenden, Screening- und vertiefenden Experten-Verfahren (vgl. Richter 2010, S. 28 ff.; Nebel et al. 2010).

1. Orientierende Verfahren: Check- oder Prüflisten zur groben Erfassung mit Ja/Nein-Bewertung
2. Screening-Verfahren: vertiefende Analyse mit mehr Merkmalen und Bewertungsstufen

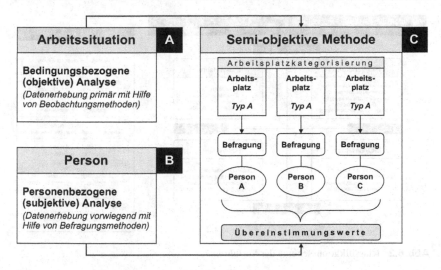

Abb. 6.1 Herangehensweisen der Arbeitsanalyse

3. Experten-Verfahren: wissensbasierte Erfassung der Merkmale (z. B. Rangreihenfolge betreffend)

Der Schwerpunkt liegt auf den *quantitativen Verfahren,* da sie aus gefährdungsanalytischer Sicht eine nachvollziehbare und berichtsfähige Bewertung ermöglichen. Diese können als objektive im Rahmen von Beobachtungen oder als subjektive Verfahren als Befragungen der Betroffenen zum Einsatz kommen. Manche Verfahren haben einen Schwerpunkt in Bezug auf Tätigkeitsklasse und Branche – die meisten im Bereich der psychischen Gefährdungsbeurteilung sind jedoch *universell* einsetzbar. Abb. 6.2 stellt das Klassifikationsschema dar.

▶ **Tipp** Verwenden Sie standardisierte Verfahren auf Screening-Niveau wie SPA (Screening psychischer Arbeitsbelastung) oder Impuls-Test|2®[2], um eine erste Bilanz der psychischen Gefährdungssituation zu eruieren! Orientierende Verfahren wie Check-Listen haben den Nachteil, dass oftmals eine Nacherhebung aufgrund von Unklarheiten erforderlich ist. Experten-Verfahren sind zu aufwendig und finden wenig Akzeptanz in der Praxis.

---

[2]https://www.impulstest2.info/.

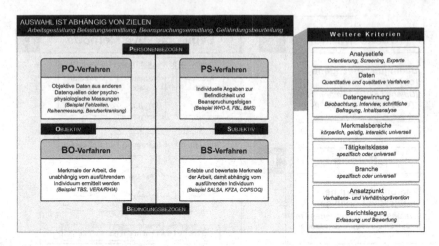

Abb. 6.2 Klassifikationsschema der Verfahren

Die Erfolgstrias – Beobachtung, Befragung, Workshops Drei Herangehensweisen haben sich in der Praxis bewährt (vgl. Beck et al. in BAuA 2014, S. 56 ff.; Gruber et al. 2016). In kleinen Unternehmen eignen sich Beobachtung bzw. Beobachtungsinterviews. Bei großen Unternehmen ist die Selbsteinschätzung durch standardisierte Skalen präferiert, um repräsentative Zahlen zur psychischen Belastung zu erhalten. Nach solchen Befragungen resultieren bisweilen offene Punkte. Diese können mithilfe von Analyseworkshops differenziert betrachtet werden (Tiefenbohrung). Bei kleinen Unternehmen lassen sich diese Workshops auch als „Singe-Alone-Instrumente" einsetzen.

Beobachtung und Beobachtungsinterviews Im Gegensatz zur klassischen Gefährdungsanalyse ist die reine Beobachtung vor Ort wenig erfolgversprechend, da psychische Belastungen oft nicht sichtbar und direkt erfassbar sind. Durch Befragungstechniken lassen sie sich jedoch über das Messinstrument Mensch eruieren. Dabei sollte man nicht nur die Beschäftigten, sondern auch ergänzend die Führungskräfte befragen, um Divergenzen zwischen Selbst- und Fremdbild zu bestimmen. Der Erfolg der Beobachtungsinterviews hängt von der Vorbereitung ab. Es empfiehlt sich, standardisierte Beobachtungsverfahren mit festgelegter Dokumentation und vorgegebenem Analysebogen zu verwenden. Auch sollten die Beobachter geschult werden, um z. B. soziale Erwünschtheit bei den Antworten zu verhindern und v. a. die Abgrenzung zur Beanspruchung zu gewährleisten. Dies gilt v. a. dann, wenn Interviews geführt werden.

Vorteile und Nachteile

+ Aktive Beteiligung der Beschäftigten
+ Falls klassische Gefährdungsbeurteilung durch Arbeitsplatzbeobachtung erfolgt, gut integrierbar
+ Feststellung von Belastungen, die sich nicht in den subjektiven Sichtweisen spiegeln
+ Ggf. tiefergehende Analysen vor Ort direkt umsetzbar
+ Keine Sprachbarrieren
+ Klärung von Unklarheiten vor Ort
+ Weitere Belastungssituationen vor Ort erfassbar
− Exponentielle Zunahme der Dokumentationsmenge → Gefahr der Aktenleichen
− Hoher Arbeitsaufwand und hohe Kosten
− Keine Anonymität gewährleistet, damit Gefahr der sozialen Erwünschtheit der Antworten
− Krux ist oft die defizitäre Qualifizierung der internen Beobachter
− Manipulation der Beantwortung durch den Beobachter (teilnehmende Beobachtung)
− Selten hohe Reichweite, da Kosten-Nutzen-Verhältnis zu beachten ist

Instrument Sie können ein standardisiertes bedingungsbezogenes Verfahren wie KABA-K (Kurzform der Kontrastiven Aufgabenanalyse) einsetzen (Dunckel und Pleiss 2007). Es baut auf die Humankriterien auf und wird von Experten oder arbeitswissenschaftlich geschulten Mitarbeitern eingesetzt. Im ersten Schritt erfolgt die Beschreibung des Arbeitsplatzes und der Aufgaben. Danach wird die Belastungs- und Ressourcensituation eingeschätzt. Im dritten Schritt lässt sich bedarfsbezogen ein Analyseworkshop anschließen. Der Aufwand beträgt ca. einen halben Manntag pro Arbeitsplatz, sodass nur exemplarische Arbeitsplätze erfasst werden können. Wenn die Arbeitsplätze ähnlich sind, dann kann man stichprobenartig vorgehen (Regel 10 % Quote).

Schriftliche Befragungen Vom Prinzip handelt es sich um eine Selbsteinschätzung durch standardisierte Skalen, und im Hinblick auf die Erstellung und Umsetzung gelten die Regeln wie bei einer Mitarbeiterbefragung (vgl. Domsch und Ladwig 2013). Als Screening ist die schriftliche Befragungstechnik optimal, da in den Unternehmen das Vorgehen meistens bekannt ist. Die Gefährdungsbeurteilung psychischer Belastungen auf Basis einer Befragung fungiert wie ein *Suchscheinwerfer.* Dabei ist eine standardisierte Vorgehensweise zu empfehlen.

Vorab sollte man erwägen, im Rahmen einer Pilotisierung einen Praktikabilitätscheck als Pretest zu fahren, um Verständlichkeit und Akzeptanz zu kontrollieren. Interviews und Beobachtungen können die Inhaltsbreite der Befragung festlegen. Zu empfehlen ist beim Erstaufschlag die Erfassung im Offline-Modus, also Paper-Pencil-Test, da die ungewohnten Befragungsinhalte eventuell bei einer Online-Erhebung aus Gründen der wahrgenommenen Anonymität unzureichend ausgefüllt werden. Durch skalierte Items (ja, eher ja, eher nein, nein oder trifft voll zu bis trifft gar nicht zu) werden das Vorhandensein, die Häufigkeit oder Intensität vorgegebener psychischer Belastungen bei der Arbeit erfragt. Dabei ist auf eine geradzahlige Skalierung zu achten, um die Tendenz zur Mitte zu verhindern und eindeutige Entscheidungen abzurufen (Forced-Choice-Items). Typische Belastungsitems zeigt Tab. 6.1 am Beispiel des PsychGB-Barometers – ein standardisiertes Instrument des Verfassers. Offene Items können genutzt werden, um weitere Belastungsformen zu erfassen. Die Beurteilung ist subjektiv, da sie der persönlichen Erfahrung entspringt. Diese unvermeidbare Subjektivität kann jedoch zur „intersubjektiven Objektivität" aufrücken, wenn man analoge Arbeitsplätze betrachtet und die individuellen Wahrnehmungen auf Gemeinsamkeiten überprüft (semi-objektiver Ansatz, siehe Abb. 6.1). Wenn alle Sekretariate auf Unterbrechungen hinweisen, so ist davon auszugehen, dass ein objektiver Tatbestand psychischer Belastung vorliegt.

Vorteile und Nachteile

+   Bewertungsschema wie Ampel verwendbar
+   Datenschutz gut realisierbar (Tipp: minimale Analysegröße 10 Personen)
+   Durch Gewährleistung der Anonymität offene und weniger sozial erwünschte Antworten
+   Erweiterbarkeit des Kerninstruments in Richtung Gesundheitsbefragung möglich
+   Falls Mitarbeiterbefragung vorhanden, auch als Omnibusbefragung realisierbar
+   Hohe Repräsentativität der empirischen Daten
+   Keine Auswahl erforderlich, alle können sich beteiligen
+   Quantifizierbare Ergebnisse
+   Schnelle Erfassung, geringe Vorbereitung
+   Vergleichsweise geringer Aufwand im Verhältnis zur Reichweite
+   Differenzierungsmöglichkeiten nach Arbeitsbereichen etc. gegeben
+   Wiederholbarkeit und damit Veränderungsmessung möglich (Evaluation)
−   Ableitungen von Maßnahmen erfordern meistens weitere Daten (Workshops)
−   Bei kleinen Organisationen kaum Differenzierung möglich (Datenschutz)

Tab. 6.1 Beispiele für Items der Belastungsanalyse aus PsychGB-Barometer (Verfahren des Autors)

Belastung durch...						
Klassische Belastungen	Niedrige Belastung			Hohe Belastung		
Zu wenig Pausen	☐	☐	☐	☐	☐	☐
Hohe Daueraufmerksamkeit	☐	☐	☐	☐	☐	☐
Zu wenig Bewegung	☐	☐	☐	☐	☐	☐
Psychosoziale Belastungen	Niedrige Belastung			Hohe Belastung		
Permanente Freundlichkeit	☐	☐	☐	☐	☐	☐
Unterdrückung meiner Gefühle	☐	☐	☐	☐	☐	☐
Fehlende oder unzureichende Führung	☐	☐	☐	☐	☐	☐
Arbeitsintensität	Niedrige Belastung			Hohe Belastung		
Zu viele parallel auszuführende Aufgaben	☐	☐	☐	☐	☐	☐
nicht anspruchsvolle Aufgaben	☐	☐	☐	☐	☐	☐
Mehrarbeit und Überstunden	☐	☐	☐	☐	☐	☐
Arbeitsorganisation	Niedrige Belastung			Hohe Belastung		
Nicht planbare Arbeitszeiten	☐	☐	☐	☐	☐	☐
Widersprüchliche Anforderungen	☐	☐	☐	☐	☐	☐
Unnütze Doppelarbeiten	☐	☐	☐	☐	☐	☐

– Gefahr der Fragebogenmüdigkeit
– Nur allgemeine Abfrage der Belastungsfaktoren möglich, oft bleiben Ursachen unklar
– Unrealistische Erwartungen bei Entscheidungsträgern in Bezug auf Aussagekraft (keine Ursachen)
– Überhöhte Erwartungen in Bezug auf Bestimmung der Stellhebel bzw. Maßnahmen

Instrumente Im klassischen Design erfragt der COPSOQ (Copenhagen Psychosocial Questionnaire) in der Standard-Version gruppiert mithilfe von 85 Items Anforderungen der Arbeit, Handlungsspielraum und Entwicklungsmöglichkeiten, Rolle der Führungskraft und soziale Beziehungen, Arbeitssituation und zusätzliche Aspekte wie Arbeitsplatz-Unsicherheit (vgl. Nübling et al. 2005). Ergänzend finden sich Fragen auf der Beanspruchungsseite zur Arbeitszufriedenheit, zum

Gesundheitszustand, zu Beschwerden, Stress und Lebenszufriedenheit. Dieser Fragebogen kann online oder in Papierform ausgefüllt werden (ca. 15–20 min). Auf der Homepage finden sich Ergänzungsinformationen wie eine *Checkliste*[3] *zur Durchführung der Befragung*. Das Verfahren ist wissenschaftlich validiert und frei verfügbar. Die Freiburger Forschungsstelle Arbeits- und Sozialmedizin[4] (ffas) bietet auch kostenpflichtige Unterstützung bei der Befragung an. Vorteilhaft ist die Verbreitung des Instrumentes. Referenzdaten[5] liegen zu verschiedenen Berufsgruppen, Branchen und Betriebsgrößen vor. Das Instrument eignet sich auch für betriebsinterne Vergleiche.

▶ **Tipp: Kombinieren Sie bedingungs- und personenbezogene Sichtweisen** Oft ist die Kombination von bedingungs- (Experten) und personenbezogener Sichtweise (Betroffene) sinnvoll. Beispiel hierfür ist der SPA (Screening psychischer Arbeitsbelastungen), denn mit diesem Instrument wird eine Übersicht über Belastungen am Arbeitsplatz, erlebte Beanspruchungen und gesundheitliche Beeinträchtigungen gegeben (Metz und Rothe 2017). SPA-S stellt den bedingungsbezogenen Verfahrensteil und die Module SPA-P1 bis SPA-W die personenbezogenen Verfahrensteile dar.

Vertiefende Analyseworkshop Nach einer „groben" Erfassung bspw. mit einer Befragung manifestieren sich Interpretationsspielräume. Eine Vertiefung kann auf Basis der Befragungsdaten im Rahmen eines Analyseworkshops erfolgen. Diese Workshops können bei kleinen Unternehmen auch als Erstinstrument zur Erfassung psychischer Belastungen fungieren. Sie sollten möglichst extern durch einen Fachexperten moderiert werden. Wichtig für die Analyse ist nicht nur die geführte Diskussion, sondern auch eine geeignete Dokumentation. Es reicht nicht aus, die Moderationswände zu fotografieren. In der Praxis empfiehlt sich, einen Protokollanten zu verwenden. Einzuladen sind Beschäftigte und Führungskräfte eines Arbeitsbereichs, ggf. auch Verantwortliche aus Arbeits- und Gesundheitsschutz und Mitbestimmung – jedoch nicht mehr als zwölf Teilnehmer. Die Teilnahme sollte freiwillig sein. Während des Workshops sollten die Ergebnisse der

---

[3]http://www.copsoq.de/wie-befragen-wir/checkliste-fuer-betriebe/.
[4]www.ffas.de und www.copsoq.de sowie internationales Netzwerk www.copsoq-network.org.
[5]Ein Auszug aus der Gesamtdatenbank ist zur kostenfreien Nutzung online gestellt (www.copsoq-datenbank.de).

Grobanalyse gespiegelt werden. Da nicht alle Beschäftigten teilnehmen können, sollte ein Zugang für Nichtteilnehmer vorliegen, um weitere Meinungen anonymisiert zu erfassen (z. B. Kummerkasten).

Vorteile und Nachteile

+   Aktive Einbindung der Beteiligten
+   Ergänzende Informationen zu den quantitativen Daten
+   Schaffung einer gemeinsamen Sichtweise und Erfahrungsaustausch
+   Vertiefte Ursachenforschung möglich
–   Auswertbarkeit der qualitativen Daten eingeschränkt
–   Gefahr einer Meinungsdominanz durch Führungskraft
–   Hohe Voraussetzungen: Offene Kommunikationskultur und Erfahrungen mit Gesprächskreisen
–   Hoher Aufwand in Abhängigkeit von der Anzahl der Analyseworkshops
–   Keine Anonymität gegeben
–   Keine flächenhafte Beteiligung möglich
–   Keine Repräsentativität

6.2 Auswahlkriterien – Wie wählt man ein geeignetes Verfahren aus?

Grundfragen und Antworten Die entscheidende Frage bezieht sich auf die Analysetiefe. Zu empfehlen ist am Anfang ein *befragungsbasiertes, orientierendes oder Screening-Verfahren.* Beobachtungsinterviews sollten anfänglich sowohl aufgrund des Aufwands als auch der Hemmschwelle hinsichtlich Anonymität nur in Ausnahmefällen wie kleine Organisationen verwendet werden. Anschließend muss überlegt werden, ob die innerbetriebliche Nutzergruppe Erfahrungen mit Befragungsinstrumenten aufweist und in Bezug auf die psychischen Belastungen geschult ist. Zu empfehlen ist bei wenig Erfahrung ein *einfaches Instrument* wie die Checklisten zur Erfassung der Fehlbeanspruchungen (ChEF) (Gruber et al. 2016, S. 53 ff.). Falls eine Mitarbeiterbefragung erfolgt ist und ausreichende Informationen zu den Themenfeldern psychische Belastung vorliegen (siehe Abschn. 4.1), dann ist ein Verfahren in Betracht zu ziehen, dass vertiefte Antworten möglichst *mit Bewertungsschablone* erlaubt. Zu empfehlen ist hier aufgrund seiner ganzheitlichen Sichtweise das COPSOQ-Verfahren (Nübling et al. 2005). Expertenverfahren sollten aufgrund der theoretischen Vorkenntnisse zur Interpretation nur von Experten genutzt werden. Meistens empfiehlt es sich, ein *universelles Verfahren* einzusetzen.

▶ **Tipp** Die Auswahl und deren Begründung sind auf jeden Fall zu dokumentieren. Ein neutrales Institut kann bei der Auswahl beratend begleiten.

Einige typische Auswahlkriterien

- *Grundlegend:* Erfüllung der Qualitätsgrundsätze wie Beschreibung des Einsatzbereiches und der Anwendungsvoraussetzungen, Berücksichtigung relevanter Belastungsfaktoren, Methoden zur Beurteilung und Interpretation sowie Einbeziehung der Beschäftigten gemäß Beschluss der Nationalen Arbeitsschutzkonferenz am 19.11.2015
- Ansprechendes Design (Motivation und Akzeptanz bei den Befragten)
- Differenzierung nach Gruppen (Alter, Geschlecht, Berufsgruppe etc.)
- Erfassung der psychischen Belastungen nach EN ISO 10075 (anerkannte Themenfelder)
- Erfordernis der Schulung (orientierende Verfahren versus Expertenverfahren)
- Erfüllung der Gütekriterien wie Zuverlässigkeit (Reliabilität) und Gültigkeit (Validität)
- Ganzheitlichkeit der Befragung: Belastungen (primäre Aufgabe der Gefährdungsbeurteilung), Beanspruchungen und Ressourcen (zusätzliche Informationen, um Zusammenhänge und Auswirkungen zu bewerten)
- Kosten (Lizenz-, Analyse- und Berichtskosten)
- Möglichkeit eines externes Benchmarkings im Sinne einer Vergleichsmessung
- Möglichkeit eines internen Benchmarkings im Sinne einer Wiederholungsmessung
- Nachweislich sozialwissenschaftlich entwickeltes Verfahren (wissenschaftliche Begleitliteratur oder andere nachvollziehbare Nachweise)
- Umfang der Befragung bzw. erforderliche Ausfüllzeit (Anzahl der Items)
- Verständlichkeit in Bezug auf Zielgruppe (adressatengerechte Sprache und Darstellung)
- Vorliegen von Referenzdaten zwecks Orientierung
- Unabhängigkeit in Bezug auf Ergebnis- und Datenlandschaft von proprietären Befragungswerkzeugen bzw. Gewährleistung, dass alle relevanten Daten zur Verfügung gestellt werden

6.3   Konkrete Instrumente – Wer die Wahl hat die Qual!

Auswahl anerkannter Verfahren Tab. 6.2 nennt einige *Verfahren zur Verhält-nisprävention* (vgl. Richter 2010, S. 29 ff.; Gruber et al. 2016). Diese Verfahren können durch Items zur Verhaltensprävention ergänzt werden (siehe Abschn. 6.5). Der Schwerpunkt liegt auf den empfehlenswerten *Screening-Verfahren*. Diese haben sich als Instrumente einer vertiefenden Analyse in der Praxis bewährt, denn die orientierenden Verfahren lassen zu viele Fragen offen und die Expertenverfahren sind in der Umsetzung diffizil. Dabei sollte man stets die Auswahlkriterien beachten (siehe Abschn. 6.2). Einige Instrumente sind sowohl als Fragebogen, Beobachtungsinterview oder Leitfaden zur Gruppendiskussion einsetzbar. Befragungsinstrumente in der Tradition der Arbeitsanalyse sind zudem vielfach ganzheitlich orientiert, d. h. sie erfassen auch Beanspruchungen und/oder Ressourcen.

Wo findet man die Instrumente? Wer nach quantitativen Verfahren Ausschau hält, wurde früher in der Toolbox der BAuA fündig (Richter 2010). In dieser *Instrumentenbox* konnte man anhand verschiedener Kriterien geeignete Verfahren ermitteln. Dieser Dienst ist aufgrund der nicht erfolgten Aktualisierung eingestellt worden. Der Steuerkreis des Arbeitsprogramms „Psyche" der Gemeinsamen Deutsche Arbeitsschutzstrategie (GDA) erfasst in Befragungen bei den GDA-Trägern die Instrumente, die bestimmten Qualitätsgrundsätzen entsprechen (siehe Abschn. 6.2) (vgl. GDA 2017). Zudem bietet die Initiative Neue Qualität der Arbeit (INQA)[6] Beispiele aus der Praxis zum Umgang mit psychischen Belastungen am Arbeitsplatz, um von anderen zu lernen.

▶   **Hinweis** In Tab. 6.2 werden die im Abschn. 6.1 vorgestellten Verfahren wie das *Expertenverfahren KABA*, die *Screening-Verfahren SPA* und *COPSOQ* nicht erneut aufgeführt. Aufgrund der Bedeutungszunahme ändert sich der „Testmarkt" vergleichsweise rasant.

---

[6]https://www.inqa.de/DE/Startseite/start_node.html.

Tab. 6.2   Konkrete Verfahren der Verhältnisprävention – Empfehlungen für die Praxis

Verfahren	Analysetiefe	Nutzer	Methode	Merkmale
ChEF Checklisten zur Erfassung von Fehl-beanspruchungs-folgen	Orientierung Grobanalyse	Ungeschult bis Experte	Befragung[a] Interview Beobachtung Workshop	Tätigkeit Leistung Verhalten Umgebung
	https://www.baua.de → Themen „Psychische Belastungen"			
	Richter (2000)			
START START-Verfahren zur Gefährdungs-beurteilung von Arbeitsbelastungen	Orientierung Grobanalyse	Ungeschult bis Experte	Befragung Beobachtung	Tätigkeit Hinweis: Neube-arbeitung 2018 gemäß GDA-Richt-linien
	http://www.rolf-satzer-fbu.net/startverfahren.html & www.bue-ro-fuer-arbeitsschutz.de			
	Satzer und Geray (2008)			
KPB Kompaktverfahren Psychische Belastung Ehemals: Kurzver-fahren Psychische Belastung	Orientierung Grobanalyse	Geschult bis Experte	Interview Beobachtung	Stress Ermüdung Sättigung Monotonie *Psychische Belastungen gemäß GDA*
	https://www.arbeitswissenschaft.net/arbeitsfelder/arbeits-bezogene-psychische-belastung/			
	Ifaa – Institut für angewandte Arbeitswissenschaft e. V. (2017)			
Psy.Res® Psychische Ressour-cen mit dem 10-Faktoren-Modell	Screening Feinanalyse	Geschult bis Experte	Befragung Interview	Arbeitsbeziehungen wie Team und Führung Arbeits-anforderungen wie Tätigkeit Fehl-beanspruchungen
	https://www.psyres-online.de/ueber-psyres			
	Nagel und Petermann (2016)			

(Fortsetzung)

Tab. 6.2 (Fortsetzung)

Verfahren	Analysetiefe	Nutzer	Methode	Merkmale
BASA-II Psychologische Bewertung von Arbeitsbedingungen	Screening Feinanalyse	Geschult bis Experte	Befragung Interview Beobachtung	Ergonomie Technik Organisation Soziale Beziehungen
https://www.baua.de/DE/Angebote/Publikationen/Berichte/F1645-2166-2.html				
Richter und Schatte (2011)				
IMPULS Test|2® IMPULS Test|2® Hinweis: abgeleitet aus dem KFZA (Kurzfragebogen zur Arbeitsanalyse)	Screening Feinanalyse	Geschult bis Experte	Befragung	*IMPULS Test|2®* Arbeits-anforderungen Umgebungs-bedingungen Aufgaben und Abläufe Organisationskultur Soziales Umfeld *Psychische Belastungen gemäß GDA*
www.impulstest2.com				
Molnar (2018)				
SALSA Salutogenetische Subjektive Arbeits-analyse	Screening Feinanalyse	Geschult bis Experte	Befragung	*Fokus:* Arbeits-bedingungen und Schutzfaktoren der Arbeit (Ressourcen) Aufgaben-anforderungen Arbeitsbelastungen Organisationale Ressourcen im Betrieb Soziale Ressourcen im Arbeitsbereich
http://www.salsabefragung.com/				
ISTA Instrument zur stress-bezogenen Arbeits-analyse	Experten Detailanalyse	Experte	Befragung Beobachtung	Psychische Arbeits-anforderungen Ressourcen Belastungen
Semmer et al. (1999)				

(Fortsetzung)

Tab. 6.2 (Fortsetzung)

Verfahren	Analysetiefe	Nutzer	Methode	Merkmale
FAA Fragebogen zur Arbeitsanalyse	Experten Detailanalyse	Experte	Befragung Interview Beobachtung	Informationsver- arbeitung Arbeitsausführung Arbeitsbeziehungen Umgebungseinflüsse etc.
	Frieling (1999)			
Hinweis	Viele analoge Verfahren wie RHIA/VERA, TBS oder SIGMA gehören zur Familie der psychologischen Arbeits- und Tätigkeits- analyse und erlauben Feinanalysen			

[a]Bei Befragung ist stets die schriftliche Befragung gemeint

6.4 Beurteilung – Ist eine psychische Belastung eine Gefährdung?

Die Kernfrage Was ist normal, was ist schon auffällig? Die Instrumente messen die Art und Weise der Belastung, die Intensität und Häufigkeit. Sollvorstellungen gibt es viele, die in Leitlinien wie *Gute Arbeit*[7] kommuniziert sind oder arbeits-wissenschaftlich diskutiert werden (vgl. Ulich 2011). Auch Normen wie DIN EN ISO 10075-2 oder DIN EN ISO 9241-2 erläutern Maximen, aber keine Grenz-werte (Kap. 3). Letztlich ist eine expertenbasierte Einschätzung unumgänglich. In der Praxis zeichnen sich vier Wege ab, um seine Grenzwerte zu bestimmen:

1. *Der einfache Weg:* Wenn man ein standardisiertes Verfahren mit Referenz-werten wie COPSOQ verwendet, erhält man eine Kalibrierungsoption, indem die eigenen Werte zu allgemeinen Werten in Beziehung gestellt werden.
2. *Der etwas längere Weg:* Wenn man ein Verfahren mehrfach anwendet, dann kann man seine eigenen Vergleichsdaten (internes Benchmarking) gewinnen und damit die Sollbreite definieren. Die Toleranzgröße sollte anfänglich breit eingestellt sein, später dann schrittweise geschärft werden.

---

[7]DGB-Index Gute Arbeit: http://index-gute-arbeit.dgb.de/ – Dort sind die Jahresreports zum Index eine repräsentative Vergleichsbasis in Bezug auf die Arbeitsbedingungen und Arbeitsqualität.

3. *Der schwierigere Weg:* In standardisierten Verfahren lassen sich verfahrensdefinierte Vorgaben, die sich im Rahmen der Entwicklung des Instrumentes ergeben, bestimmen. Problematisch ist hier, dass zur Einschätzung ein fundiertes Wissen über die Testentwicklung vorhanden sein muss.
4. *Der schwierigste Weg:* Man könnte auch im Rahmen von Workshops eine Art Beurteilung im Diskurs anstreben (argumentative und kommunikative Validierung). Dies ist aber riskant, da trotz fachkundiger Moderation schnell individuelle Präferenzen bzw. Argumente obsiegen (Wortführer). Wenn aber Referenzdaten vorliegen, können solche sozialen Diskussionen das Verständnis erhöhen und kontextspezifische Erklärungen hinterlegen helfen.

Die *Beurteilung* lässt sich in drei Stufen klassifizieren. Die Werte lassen sich in einer Normalverteilung (Gaußsche Glocke) abbilden. *Auffällige Werte* weichen negativ signifikant vom Erwartungswert ab. *Normale Werte* liegen im Erwartungsbereich. Sie repräsentieren die durchschnittliche Belastungsausprägung. *Positive Werte* liegen oberhalb des Erwartungsbereichs. Gemäß dieser Klassifikation empfiehlt sich ein mehrstufiges Handlungskonzept.

- *Auffällige Ergebnislandschaft:* Information, Coaching der Führungskraft, direkte Vorort-Begleitung, Maßnahmen auf Verhaltens- und Verhältnisebene, Tiefenanalyse, Workshops bei auffälligen Gruppen, erneute standardisierte Erhebung nach 1 bis 2 Jahren
- *Erwartungskonforme Ergebnislandschaft:* Hier unterscheidet man Ergebnisbilder mit und ohne einzelne Auffälligkeiten
  - Ohne Auffälligkeiten: Information, Kummerkasten, Angebote zur Unterstützung (v. a. Verhaltensebene), erneute standardisierte Erhebung nach 2 bis 3 Jahren
  - Mit Auffälligkeiten: wie „ohne Auffälligkeiten" plus Maßnahmen auf der Verhältnisebene, Workshop (Methode kritische Ereignisse)
- *Positive Ergebnislandschaft:* Angebot zur Unterstützung (u. a. Verhaltensebene), erneute standardisierte Erhebung nach 3 bis 5 Jahren.

6.5   Erweiterung – Der Weg zur Gesundheitsanalyse

Den Weg zu Ende gehen Methoden wie das PREVA-Modell[8] wollen nicht bei der Belastungsanalyse stehen bleiben, sondern gehen den ganzen Weg, um Zusammenhänge zwischen Belastungen, Ressourcen, Gesundheitsindikatoren und Beanspruchungen aufzuzeigen. Es ist sinnvoll, solche Erweiterungen vorzunehmen, um geeignete *verhaltens- und verhältnisbezogene Interventionen* abzuleiten. Gerade die Betrachtung von Beanspruchungsfolgen von subjektiven Beschwerden bis Krankheiten ermöglicht ein besseres Verständnis. Instrumente wie COPSOQ oder SALSA erfassen solche Folgen von der Erschöpfung bis zu Beschwerden wie Rückenbeschwerden, Kopfschmerzen. Auch der bekannte *WAI-Index*[9] (Work Ability, Arbeitsfähigkeit) gewinnt nach dem Modell der Förderung der Arbeitsfähigkeit von Tempel und Ilmarinen (2013) erst dann an Bedeutung im Kontext der Gefährdungsanalyse, wenn er mit bedingungsbezogenen Faktoren verknüpft wird. Das Instrument ABI Plus[TM] berücksichtigt Belastungen, Beanspruchungen und Ressourcen. Es ermöglicht eine Standortbestimmung, Prognose und Evaluation der Arbeitsbewältigungsfähigkeit. Nachhaltig lässt sich die Arbeitsfähigkeit nur dann steigern, wenn man in die Gesundheit, in die Kompetenzen, in das Wertesystem und in die Arbeit bzw. Organisation gleichermaßen investiert (vgl. Giesert et al. 2017). Dabei sollte aber die Situation nicht nur defizitorientiert analysiert werden, sondern das *salutogenetische Verständnis* erfordert eine Erweiterung im Hinblick auf gesundheitsfördernde Ressourcen.

Abb. 6.3 illustriert am Beispiel der Kennzahlen des *BGM-Barometers* (Verfahren des Autors) anhand einer Waagen-Symbolik das Wechselspiel zwischen Verhältnis- und Verhaltensfaktoren sowie puffernden Ressourcen (vgl. Uhle und Treier 2015, S. 314 ff.).

---

[8]Im Rahmen der PREVA Basisdiagnostik werden Belastungen wie Zeitdruck oder Wandel, Ressourcen wie Unterstützung oder Handlungsspielraum in Bezug zu Beanspruchungen wie Erschöpfung oder Zufriedenheit gesetzt. Informationen zu diesem Instrument findet man unter http://www.preva-online.de/ oder http://www.innsicht.de/.

[9]Ein Leitfaden der Schriftenreihe der BAuA erläutert den Work Ability Index bzw. Arbeitsbewältigungsindex (ABI) (Hasselhorn und Freude 2007). Informationen zum Instrument und zum Konzept findet man im WAI-Netzwerk (http://www.arbeitsfaehig.com/de/wai-netzwerk-35.html). Dort stehen auch Online-Versionen zur Verfügung. In Bezug auf die Gefährdungsbeurteilung psychischer Belastungen ist zu betonen, dass der klassische Fragebogen nur Folgen erfasst. Für die Gefährdungsanalyse ist der WAI-Index noch mit bedingungsbezogenen Verfahren zu kombinieren. Der Arbeitsbewältigungsindex Plus[TM] erfasst integriert Belastungen bzw. Bedingungen und Folgen bzw. Beanspruchungen.

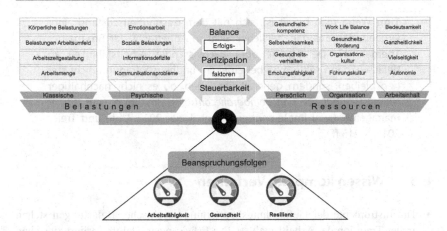

Abb. 6.3 Wechselspiel zwischen Belastungen, Ressourcen und Beanspruchungsfolgen

Ganzheitliche Analyse in vier Schritten Eine ganzheitliche Analyse, die die Gefährdungsbeurteilung psychischer Belastungen einschließt, lässt sich in vier Schritten abbilden:

1. Schritt: *Basisanalyse* – Mithilfe eines bedingungs- und/oder personenbezogenen Screening-Verfahrens wird der ganzheitliche Gesundheitszustand einer Organisation erfasst.
2. Schritt: *Feinanalyse* – Falls im Rahmen der Basisanalyse Baustellen identifiziert worden sind, die eine vertiefende Betrachtung erfordern, wird entweder über ein Feininstrument oder über die Workshop-Methode eine differenzierte Analyse durchgeführt.
3. Schritt: *Handlungsplan* – Die Schwerpunkte in der Basis-/Feinanalyse erlauben unter Beachtung arbeitswissenschaftlicher Erkenntnisse die Festlegung von Maßnahmen als Handlungsplan.
4. Schritt: *Folgeprozesse* – Hier ist der Vorher-Nachher-Vergleich im Sinne der Evaluation wichtig, um Veränderungen abzubilden. In vielen Organisationen empfiehlt sich, nach zwei bis drei Jahren eine erneute Basisanalyse (zwei Querschnittanalysen, die in Bezug auf demografische Faktoren und Personalbewegung in Relation zu setzen sind) durchzuführen. Vorteilhafter, aber auch aufwendiger ist eine Längsschnittanalyse mit codierten Fragebögen. An dieser Stelle lassen sich weitere gesundheitsrelevante Datenquellen wie Fehlzeitenanalyse, BEM-Analysen, Altersstrukturanalysen oder Krankenkassenberichte berücksichtigen.

▶ **Tipp** Wenn man bereit ist, sich mit dem Gesundheitszustand einer
   Organisation aus ganzheitlicher Sicht in Anbetracht der Brisanz der
   Themen wie Demografie oder nachlassender Arbeitsfähigkeit zu
   befassen, dann sollte man bei einer Gesundheitsbefragung nicht stehen bleiben, sondern generell überlegen, ob es nicht nachhaltiger
   ist, ein *Gesundheits- und Demografiecontrolling* im Sinne eines Risiko-
   managements zu implementieren (vgl. Treier 2012; Uhle und Treier
   2015, S. 215 ff.).

6.6 Wissen kompakt: Verfahren

- Die Instrumente der Gefährdungsbeurteilung psychischer Belastungen stehen
  in der Tradition der Arbeitsanalyse. Die Erfassungsmodalität variiert zwischen
  objektiver Beobachtung über subjektive Befragung des Arbeitsplatzinhabers
  bis zu semiobjektiven Ansätzen, die befragungsbasiert Gemeinsamkeiten der
  Belastungsmerkmale analoger Arbeitsplätze bestimmen.
- Man differenziert zwischen orientierenden Verfahren, Screening- und
  Expertenverfahren. In der Praxis sollte man möglichst Screening-Verfahren
  einsetzen, da sie in Bezug auf Aussagekraft und Aufwand eine optimale
  Abbildung psychischer Belastungen ermöglichen. Die quantitativen Verfahren
  dominieren. Die meisten Organisationen verwenden ein universelles Instru-
  ment. Zu empfehlen ist eine Ergänzung der Verhältnissicht durch Größen der
  Verhaltensprävention.
- Beobachtung, Befragung und Workshops gelten als Klassiker bei der
  Erhebung. Beobachtungsinstrumente können bei kleinen Organisationen zum
  Einsatz kommen. Bei großen Organisationen sind befragungsbasierte Instru-
  mente, die repräsentativ Arbeitsplatzinhaber befragen, sinnvoll. Workshops
  können bei fachkundiger Begleitung vertiefende Aspekte erfassen.
- In Abhängigkeit von Analysetiefe, Nutzergruppe, Tätigkeitsklasse etc. sind
  Verfahren entsprechend auszuwählen. Entscheidend ist die Güte des Verfahrens. Ferner sollten Referenzdaten zur Verortung eigener Daten vorliegen.
  Empfehlenswert ist ein universelles, orientierendes oder Screening-Verfahren,
  das gemäß EN ISO 10075 psychische Belastungen erfasst.
- Die Vielfalt an Instrumenten wächst. Checklisten können zur Orientierung helfen. Inhaltlich aussagekräftiger sind Screening-Verfahren. Expertenverfahren
  sind durch Fachkundige abzubilden.

- Ob eine psychische Belastung eine Gefährdung darstellt, lässt sich oftmals nicht eindeutig konstatieren. In der Praxis ist es hilfreich, sich zunächst auf Verfahren zu stützen, die über ausreichende Referenzdaten verfügen und eine Bewertung der eigenen Daten erlauben.
- Der Weg zur ganzheitlichen Gesundheitsanalyse ist aus Kosten-Nutzen-Sicht zu empfehlen, denn man erhält für die Maßnahmenableitung und Beurteilung der Zusammenhänge differenzierte Antworten im Vergleich zur Gefährdungsbeurteilung psychischer Belastungen. Verhältnis- und Verhaltensfaktoren sowie puffernde bzw. gesundheitsförderliche Ressourcen können mit einem Instrument erfasst werden und Wechselbeziehungen aufgezeigt werden.

Was Sie aus diesem *essential* mitnehmen können

- Die Gefährdungsbeurteilung psychischer Belastungen ist keine Kür, sondern Gebot. Dieses Gebot ist nicht nur rechtlich, sondern in Anbetracht der Herausforderungen v. a. inhaltlich legitimiert.
- Zunächst muss Klarheit in Bezug auf die Begrifflichkeit geschaffen werden, bevor man sich mit psychischen Belastungen befasst, denn schnell werden bedingungsbezogene Belastungen und personenbezogene Auswirkungen wie psychische Störungen oder Stresserleben synonym betrachtet und damit über einen Kamm geschert. Eine Schulung der relevanten Anspruchsgruppen sollte gewährleisten, dass die begriffliche Differenzierung erfolgt. Gleichzeitig wird ein gemeinsames Verständnis von psychischen Belastungen geschaffen.
- Die DIN EN ISO 10075 hilft, psychische Belastungsfaktoren wie Arbeitsinhalt zu identifizieren. Checklisten können ebenfalls genutzt werden, um das Spektrum der psychischen Belastungsfaktoren aufzuzeigen.
- Aussagekräftige Instrumente zur Erfassung psychischer Belastungen liegen vor. Zu empfehlen ist ein quantitatives, universelles Verfahren auf der Orientierungs- oder Screeningebene.
- Beim Ersteinsatz empfiehlt sich unabhängig von der Herangehensweise (Beobachtung, Interviews, Befragungen oder Analyseworkshops) eine fachliche Begleitung, um nicht in den Morast psychischer Begriffe von Stress bis Burn-out zu versinken. Die Diskussion ist zu versachlichen.
- Der Schritt von der Gefährdungsbeurteilung zur erweiterten Gesundheitsanalyse rechnet sich, denn eine ganzheitliche Betrachtung von Belastungen, Beanspruchungen und Ressourcen ermöglicht, Wechselbeziehungen aufzuzeigen und korrespondierende Maßnahmen abzuleiten.
- Das *essential* offenbart dem Leser, dass es keinen Grund gibt, abwartend hinsichtlich der Umsetzung einer psychischen Gefährdungsbeurteilung zu sein.

Die zur Verfügung stehenden, oftmals kostenlosen Handlungshilfen, Methoden und Instrumente bieten für Anfänger bis Experten ein breites Spektrum, um das Thema im Sinne des ArbSchG adäquat zu adressieren.

- Die Umsetzung ist oft von praktischen Fragen wie „Muss ich dokumentieren?" oder „Muss ich eine eigenständige psychische Gefährdungsbeurteilung durchführen?" begleitet. Das ArbSchG schreibt hier die Dokumentation vor, aber erklärt nicht, wie eine psychische Gefährdungsbeurteilung umzusetzen ist. So kann man eine eigenständige oder auch eine integrierte Gefährdungsbeurteilung realisieren. Aufgrund der thematischen Komplexität empfiehlt sich beim Erstaufschlag eine eigenständige Gefährdungsbeurteilung psychischer Belastungen.

Literatur

Fachliteratur – Vertiefende Literatur zum Weiterlesen

Bamberg, E., Ducki, A., & Metz, A.-M. (Hrsg.). (2011). *Gesundheitsförderung und Gesundheitsmanagement in der Arbeitswelt – Ein Handbuch.* Göttingen: Hogrefe.

BAuA – Bundesanstalt für Arbeitsschutz und Arbeitsmedizin (Hrsg.). (2014). *Gefährdungsbeurteilung psychischer Belastungen: Erfahrungen und Empfehlungen.* Berlin: Erich Schmidt.

BAuA – Bundesanstalt für Arbeitsschutz und Arbeitsmedizin (Hrsg.). (2016). *Ratgeber zur Gefährdungsbeurteilung – Handbuch für Arbeitsschutzfachleute.* Dortmund: BAuA.

BAuA – Bundesanstalt für Arbeitsschutz und Arbeitsmedizin. (Hrsg.). (2017). *Psychische Gesundheit in der Arbeitswelt – Wissenschaftliche Standortbestimmung.* In Reihe Forschung – Projekt F 2353. Dortmund: BAuA.

Beck, D., Richter, G., Ertel, M., & Morschhäuser, M. (2012). Gefährdungsbeurteilung bei psychischen Belastungen in Deutschland – Verbreitung, hemmende und fördernde Bedingungen. *Prävention und Gesundheitsförderung, 2,* 115–119.

Beck, D., Schuller, K., & Schulz-Dadaczynski, A. (2017). Aktive Gefährdungsvermeidung bei psychischer Belastung. *Prävention und Gesundheitsförderung, 12,* 302–310.

Burisch, M. (2014). *Das Burnout-Syndrom – Theorie der inneren Erschöpfung – Zahlreiche Beispiele – Hilfen zur Selbsthilfe.* Berlin: Springer.

Domsch, M. E., & Ladwig, D. (Hrsg.). (2013). *Handbuch Mitarbeiterbefragung – Theorien, Tools und Praxiserfahrungen.* Berlin: Springer.

Dunckel, H., & Pleiss, C. (Hrsg.) (2007). *Kontrastive Aufgabenanalyse: Grundlagen, Entwicklungen und Anwendungserfahrungen.* In Schriftenreihe Mensch-Technik-Organisation (Bd. 41). Zürich: Vdf Hochschulverlag.

Eichhorn, D., & Schuller, K. (2017). Gefährdungsbeurteilung psychischer Belastung – Reine Pflichterfüllung oder Nutzen für die Betriebe? *sicher ist sicher, 10,* 428–433.

Frieling, E. (1999). Fragebogen zur Arbeitsanalyse (FAA). In H. Dunckel (Hrsg.), *Handbuch psychologischer Arbeitsanalyseverfahren* (S. 113–124). Zürich: VdF Hochschulverlag.

GDA – Gemeinsame Deutsche Arbeitsschutzstrategie. (Hrsg.). (2017). Instrumente und Verfahren zur Gefährdungsbeurteilung psychischer Belastungen. *sicher ist sicher, 4,* 194–196.

© Springer Fachmedien Wiesbaden GmbH, ein Teil von Springer Nature 2019   65
M. Treier, *Gefährdungsbeurteilung psychischer Belastungen,* essentials,
https://doi.org/10.1007/978-3-658-23293-1

Giesert, M., Reuter, T., & Liebrich, A. (Hrsg.). (2017). *Arbeitsfähigkeit 4.0 – Eine gute Balance im Dialog gestalten*. Hamburg: VSA Verlag.

Gruber, H., Molnar, M., Richter, G., & Vanis, M. (2016). *Psychische Gesundheit am Arbeitsplatz: Psychische Belastungen – Checklisten für den Einstieg*. Bochum: InfoMediaVerlag.

Hacker, W., & Sachse, P. (2014). *Allgemeine Arbeitspsychologie: Psychische Regulation von Tätigkeiten*. Göttingen: Hogrefe.

Hasselhorn, H. M., & Freude, G. (2007). *Der Work-Ability Index – ein Leitfaden. In der Schriftenreihe der Bundesanstalt für Arbeitsschutz und Arbeitsmedizin, Sonderschrift 87*. Bremerhaven: Wirtschaftsverlag NW.

Ifaa – Institut für angewandte Arbeitswissenschaft e. V. (Hrsg.). (2017). *KPB – Kompaktverfahren Psychische Belastung: Werkzeug zur Durchführung der Gefährdungsbeurteilung*. Berlin: Springer-Vieweg.

Junghanns, G., & Morschhäuser, M. (Hrsg.). (2013). *Immer schneller, immer mehr – Psychische Belastung bei Wissens- und Dienstleistungsarbeit. Herausgegeben von der BAuA*. Wiesbaden: Springer VS.

Kaluza, G. (2018). *Gelassen und sicher im Stress – Das Stresskompetenz-Buch: Stress erkennen, verstehen, bewältigen*. Berlin: Springer.

Kirchler, E. (Hrsg.). (2011). *Arbeits- und Organisationspsychologie*. Wien: Facultas WUV (UTB).

Lazarus, R. S., & Folkmann, S. (1984). *Stress, appraisal, and coping*. New York: Springer.

Litzcke, S., Schuh, H., & Pletke, M. (2013). *Stress, Mobbing und Burn-out am Arbeitsplatz: Umgang mit Leistungsdruck – Belastungen im Beruf meistern*. Berlin: Springer.

Metz, A.-M., & Rothe, H.-J. (2017). *Screening psychischer Arbeitsbelastungen – Ein Verfahren zur Gefährdungsbeurteilung*. Wiesbaden: Springer Fachmedien.

Molnar, M. (2018). *Gefährdungsbeurteilung psychischer Belastung – aus der Praxis für die Praxis. Fahrpläne, Stolpersteine und Erfolgsfaktoren*. Kröning: Asanger.

Nagel, U., & Petermann, O. (2016). *Psychische Belastungen, Stress, Burnout? So erkennen Sie frühzeitig Gefährdungen für Ihre Mitarbeiter und beugen Erkrankungen erfolgreich vor!* Landsberg am Lech: ecomed Sicherheit.

Nebel, C., Wolf, S., & Richter, P. (2010). Instrumente und Methoden zur Messung psychischer Belastungen. In D. Windemuth, D. Jung, & O. Petermann (Hrsg.), *Praxishandbuch psychischer Belastungen im Beruf* (S. 261–274). Wiesbaden: Universum.

Nübling, M., Stößel, U., Hasselhorn, H. M., Michaelis, M., & Hofmann, F. (2005). *Methoden zur Erfassung psychischer Belastungen- Erprobung eines Messinstrumentes (COPSOQ)*. Schriftenreihe der BAuA, Fb 1058. Bremerhaven: Wirtschaftsverlag NW.

Richter, G. (2000). *Checklisten zur Erfassung der Fehlbeanspruchungsfolgen (ChEF)*. Bremerhaven: Wirtschaftsverlag NW.

Richter, G. (2010). *Toolbox Version 1.2 – Instrumente zur Erfassung psychischer Belastungen*. Projekt F1965. Dortmund: BAuA.

Richter, G., & Schatte, M. (2011). *Psychologische Bewertung von Arbeitsbedingungen – Screening für Arbeitsplatzinhaber II – BASA II: Validierung, Anwenderbefragung und Software*. Projekt F1645/F2166. Dortmund: BAuA.

Roschker, N. S. (2013). *Psychische Gesundheit als Tabuthema in der Arbeitswelt – Analyse der DAX 30 und Leitfaden für die Unternehmensberichterstattung*. Wiesbaden: Springer Gabler.

Roschker, N. S. (2014). *Psychische Gesundheit in der Arbeitswelt – Soziale und ökonomische Relevanz für Gesellschaft und Unternehmen.* Reihe „Springer *essentials".* Wiesbaden: Springer Gabler.

Salzer, R., & Geray, M. (2008). *Stress-Psyche-Gesundheit: Das START-Verfahren zur Gefährdungsbeurteilung von Arbeitsbelastungen.* Frankfurt a. M.: Bund.

Schlick, Chr, Bruder, R., & Luczak, H. (2018). *Arbeitswissenschaft.* Heidelberg: Springer.

Semmer, N. K., Zapf, D., & Dunckel, H. (1999). Instrument zur stressbezogenen Tätigkeitsanalyse ISTA. In H. Dunckel (Hrsg.), *Handbuch psychologischer Arbeitsanalyseverfahren* (S. 179–204). Zürich: VdF Hochschulverlag.

Tempel, J., & Ilmarinen, J. (2013). *Arbeitsleben 2025: Das Haus der Arbeitsfähigkeit im Unternehmen bauen.* Hamburg: VSA Verlag.

Treier, M. (2012). Gesundheitscontrolling: Erfolge messen und Nachhaltigkeit schaffen. In A. Gourmelon (Hrsg.), *Personalressourcen sichern – Eine Zukunftsaufgabe für den öffentlichen Sektor* (S. 95–110). Heidelberg: Rehm.

Uhle, T., & Treier, M. (2015). *Betriebliches Gesundheitsmanagement – Gesundheitsförderung in der Arbeitswelt – Mitarbeiter einbinden, Prozesse gestalten, Erfolge messen.* Berlin: Springer.

Ulich, E. (2011). *Arbeitspsychologie.* Zürich: Vdf Hochschulverlag.

Ulich, E., & Wülser, M. (2018). *Gesundheitsmanagement in Unternehmen – Arbeitspsychologische Perspektiven.* Wiesbaden: Springer Gabler.

Wiessmann, F. (2016). Psychische Belastungen am Arbeitsplatz – Handlungsansätze für die Personalarbeit. In Reihe PöS (Hrsg.), *– Personalmanagement im öffentlichen Sektor* (Bd. 13). Heidelberg: Rehm.

Internetquellen – Fundierte Informationsquellen im Netz

BMAS – Bundesministerium für Arbeit und Soziales. (Hrsg.). (2013). *Gemeinsame Erklärung Psychische Gesundheit in der Arbeitswelt.* Bonn: BMAS, Referat Information, Publikation, Redaktion. http://www.bmas.de/DE/Service/Medien/Publikationen/a-449-gemeinsame-erklaerung-psychische-gesundheit-arbeitswelt.html. Abruf 05/2018.

EO-Institut. (Hrsg.). (2015). *Gefährdungsbarometer®-Studie 2016 – Stand der Gefährdungsbeurteilung psychischer Belastungen in der Praxis.* Berlin: EO Institut GmbH. https://www.eo-institut.de/wp-content/uploads/2018/04/GB_Studie_2016_EO-Institut.pdf. Abruf 05/2018.

Eurofound – Europäische Stiftung zur Verbesserung der Lebens- und Arbeitsbedingungen. (Hrsg.). (2016). *Sixth European working conditions survey – Overview report.* Luxembourg: Publications Office of the European Union. https://www.eurofound.europa.eu/publications/report/2016/working-conditions/sixth-european-working-conditions-survey-overview-report. Abruf 05/2018.

GDA – Gemeinsame Deutsche Arbeitsschutzstrategie. (Hrsg.). (2014). *Arbeitsschutz auf dem Prüfstand – Abschlussbericht zur Dachevaluation der Gemeinsamen Deutschen Arbeitsschutzstrategie. Eine Untersuchung der der Kooperationsstelle Hamburg IFE und TNS Infratest. Herausgegeben von der Geschäftsstelle der Nationalen Arbeits-schutzkonferenz.* Berlin: BAuA. https://www.gda-portal.de/de/pdf/GDA-Dachevaluation_Abschlussbericht.pdf?__blob=publicationFile&v=2. Abruf 05/2018.

GDA – Gemeinsame Deutsche Arbeitsschutzstrategie. (Hrsg.). (2018). *Leitlinie Beratung und Überwachung bei psychischer Belastung am Arbeitsplatz. Herausgegeben von der der Nationalen Arbeitsschutzkonferenz.* Berlin: Geschäftsstelle der Nationalen Arbeits-schutzkonferenz. https://www.gda-portal.de/de/pdf/Leitlinie-Gefaehrdungsbeurteilung. pdf?__blob=publicationFile&v=14. Abruf 05/2018.

Hofmann, M. (2014). *Gefährdungsbeurteilung durch den Arbeitgeber bezüglich psychi-scher Belastungen am Arbeitsplatz – Ein innereuropäischer Vergleich. Herausgegeben von der Deutschen Gesellschaft für Psychiatrie und Psychotherapie, Psychosomatik und Nervenheilkunde (DGPPN).* Berlin: DGPPN – Presse- und Öffentlichkeitsarbeit. https://www.dgppn.de/_Resources/Persistent/e3b006f945c8194e35063227ad1e2280bc-c0346d/2014-07-2014-Studie_LANG_Gefährdungsbeurteilung.pdf. Abruf 05/2018.

Holm, M., & Geray, M. (2012). *Integration der psychischen Belastungen in die Gefähr-dungsbeurteilung – Handlungshilfe. Eine Broschüre der Initiative Neue Qualität der Arbeit (INQA). Herausgegeben von BAuA.* Berlin: INQA. https://www.inqa.de/DE/Angebote/Publikationen/integration-der-psychischen-belastungen-in-die-gefaehrdungs-beurteilung.html. Abruf 05/2018.

Lohmann-Haislah, A. (2012). *Stressreport Deutschland 2012 – Psychische Anforderungen, Ressourcen und Befinden. Herausgegeben von der Bundesanstalt für Arbeitsschutz und Arbeitsmedizin.* Dortmund: BAuA. https://www.baua.de/DE/Angebote/Publikationen/Berichte/Gd68.html. Abruf 05/2018.

Paridon, H. (2015). *Gefährdungsbeurteilung psychischer Belastungen – Tipps zum Einstieg. Herausgegeben vom Institut für Arbeit und Gesundheit der Deutschen Gesetzlichen Unfall-versicherung (IAG). IAG Report 1/2013* (überarbeitete Version 2015). Berlin: DGUV. http://publikationen.dguv.de/dguv/pdf/10002/iag-report-2013-01.pdf. Abruf 05/2018.

Printed in the United States
By Bookmasters